Sobre el deber de la gratitud

Víctor Márquez Pailos

Ápeiron Ediciones

2025

Sobre el deber de la gratitud

Víctor Márquez Pailos

τέχνη

1.ª edición, 2025

© Del texto, Víctor Márquez Pailos
© Ápeiron Ediciones
C/ Príncipe de Vergara, n.º 132, planta 9
28002 Madrid
Tfno.: (+34) 611 00 28 41
E-mail: info@apeironediciones.com
http://www.apeironediciones.com/

Diseño y maquetación: Ápeiron Ediciones
Imagen de Portada: Rembrandt, *El regreso del hijo pródigo* (ca. 1668). Fuente:
Wikimedia Commons

Papel procedente de fuentes responsables

ISBN: 979-13-990747-2-7
Depósito legal: M-18485-2025

…in bono autem liber esse nullus potest…
("…nadie posee la libertad necesaria para hacer el bien…")
Agustín de Hipona, *De correptione et gratia*, 2

A Diego, Catalino, Jesús (+), Ahmed, Hatim, Alex…
porque su mundo ha hecho más real el mío.

ÍNDICE

INTRODUCCIÓN: ÉTICA PARA UN MUNDO ROTO

Le encontré ebrio y desorientado. En realidad, fue él quien me encontró a mí primero. Me vio y llamó de lejos. Me preguntó si le podía llevar de vuelta a casa en mi vehículo. No se preguntó si yo estaba de llegada o de regreso. No estaba en condiciones de preguntárselo porque, en su estado, no había a quién preguntar. En cuanto a mí, acababa de llegar.

Días más tarde, un viejo conocido me invitó a un café. Durante la conversación aquel hombre fue mencionado. Yo había oído hablar de su adicción a la bebida y a otras drogas menos legales. Dadas su edad y circunstancias, no parecía un hombre redimible. La gente se refería a él como a un caso perdido. Por eso, algo se me rompió por dentro cuando, al otro lado de una taza de café, mi interlocutor me contó la vida de aquel hombre y me aseguró que, en el fondo, tenía buen corazón. Estaba hablando nada menos que de su propio hijo. Aquel anciano era su padre.

En las páginas que siguen voy a tratar de profundizar en el comportamiento de este anciano, padre de aquel hombre que yo mismo había encontrado, ebrio y desorientado, apenas unos días antes. Decir simplemente de este padre que tenía un buen corazón, que era un buen padre, me parece poco, así como repetir lo que todo el mundo decía de su hijo: que era un caso perdido...

Lo interesante no es decir lo que todo el mundo puede ver, lo que yo mismo vi cuando me encontré con el hijo de este padre. Lo interesante es la manera que tiene este hombre de ver a su hijo. No deja de ver lo que todo el mundo puede ver. Pero ve más allá de las apariencias, inevitablemente desalentadoras. No defiende a su hijo. Pero tampoco le juzga.

Juzgar es una manera de opinar: decir algo de algo o de alguien. En toda opinión se vierten luces y sombras: más luces que sombras o más sombras que luces. Pero, cuando se acerca uno al corazón de otro ser humano, a su vida propia, las sombras vertidas o escondidas en cada una de las opiniones quedan atrás: todo es luz, entonces.

Es mi propósito aquí acercarme a esta luz, a tanta luz… En el corazón de las personas no todo es luz. Si todo fuera luz no habría nada que iluminar. Para que lo haya debe haber también sombras. No hay luz sin sombra sobre la que pueda proyectarse. Esto significa que no hay corazón sin razón ni razón sin corazón. Razón y corazón se necesitan mutuamente, como la luz y la sombra, como la opinión de la gente, que juzga por apariencias, y el conocimiento de alguien que no se conforma con las apariencias ni se resigna a ellas.

El padre de esta historia no se resignaba a ver, en su hijo, un caso perdido. Tampoco yo me quedo tranquilo cada vez que me tropiezo con alguna de esas personas que no pertenecen a mi mundo, esto es, al mundo de las personas "normales". Son los "pobres", para la religión, o los "excluidos", para los profesionales del trabajo social, los "olvidados" de las guerras y hambrunas, los "desahuciados" de los derechos esenciales, los que ni votan ni cuentan para nadie. Son, en fin, "esa gente", para la mayoría de las personas de bien entre las que yo también me cuento. Tanto mejor si no nos tropezamos con ellos. Ya hay quien se ocupe de estos casos más o menos perdidos, quien baje al inframundo en el que permanecen atrapados….

Si la razón y el corazón nos sirven para sentir y entender que todos somos habitantes de un mismo mundo ¿cómo es posible, entonces, que este mundo, el mismo para todos, no exista, en realidad?

Porque lo que realmente existe es el mundo, por decirlo así, "oficial", esto es, el mundo que ocupamos quienes detentamos el dudoso privilegio de representar a todos los demás habitantes del planeta: los ocupantes de lo que solemos llamar "primer mundo".

Fuera de este mundo -¡fuera del mundo!- permanecen los habitantes de tantos inframundos cuyos moradores no representan nada o casi nada para nosotros. Solo se representan a sí mismos. Solo tenemos noticia de ellos y de lo precario de sus vidas a través de los medios de comunicación o de los profesionales y voluntarios que les ayudan a sobrevivir. El mundo, más que habitado por seres humanos, está *ocupado* por una masa de individuos supuestamente humanos que detentan el privilegio de representar a todos: a sí mismos y a los excluidos de la humanidad. Y este mundo roto, fragmentado y disperso en muchos mundos que resultan invisibles desde el mundo de las personas "normales", necesita algo así como una *ética para un mundo roto.*

La reflexión moral para un mundo roto habrá de dar respuesta a ciertas preguntas espontáneas que cualquiera puede oír en esta sociedad formada exclusivamente por personas "normales", esto es, por gente honrada que vive de su trabajo y a nadie le debe nada. Son preguntas cargadas de razón pero carentes de corazón como "¿con quién te juntas?". La gente normal, esa buena gente que lo debe todo a su propio esfuerzo porque nadie les ha regalado nada en la vida, no se puede juntar con cualquiera. En palabras de Kierkegaard:

> La prudencia terrestre no se cansa de aconsejar, desde la mañana a la tarde: "¡mira bien a quién amas!".

La filosofía moral, desde Aristóteles a Kant, creo que no ha dado respuesta a estas preguntas porque se trata de un pensamiento concebido en y para el mundo *oficial,* ocupado por las personas normales. El mundo real, roto y disperso en muchos mundos o, mejor dicho, inframundos, no existe para la filosofía moral. Ésta, pues, se dirige a un mundo irreal, que nunca ha existido sino como pura apariencia proyectada por quienes detentamos el dudoso privilegio de representar a todos los habitantes del planeta. ¿Por qué permanece ajena al mundo real, que es un mundo roto, y sirve exclusivamente a las necesidades de las personas privilegiadas que somos la inmensa minoría de quienes ocupamos el primer mundo?

La respuesta creo que puede ser ésta: para la reflexión moral de la tradición, así como para el sentido común de la gente "normal", el bien es algo que se puede hacer. Es lo que hacen las buenas personas. Todos aspiramos en la vida a dos cosas: a ser felices y a ser buenas personas. Y creemos que ambas están, más o menos, en nuestras manos. Sabemos lo que tenemos que hacer para ser felices y para ser buenas personas. Pues bien, la afirmación central de este libro es que el bien, en sentido moral, *no es algo que se pueda hacer.* No es lo que hacen las personas normales mientras aspiran a ser felices y buenas. A diferencia de la felicidad, que está en nuestras manos solo hasta cierto punto, el bien moral no lo está en absoluto. El bien *sucede.* El bien sucede al bien.

Hay solo un lugar en el mundo donde el bien sucede al bien: entre las personas que se unen con un gesto de gratitud o de perdón. Allí donde alguien da o recibe de otro una expresión de gratitud o de perdón, allí sucede el bien, allí se derrama conforme a la vieja sentencia escolástica: *bonum diffusivum est,* el bien es difusivo, es su propio derramarse entre el que lo da y el que lo recibe. El que da de corazón sabe que da siempre menos de lo que ha recibido: Dios o la vida le han dado tanto…Sabe que solo responde de lo que ha recibido. Sabe que solo hace lo que tiene que hacer. No lo hace por ser una buena persona sino por ser lo que *debe* ser: una persona agradecida.

Allí donde sucede o se derrama el bien -donde sale del corazón- retroceden las aguas de la corriente de la vida. La vida empieza siempre con una llamada a vivir, a "hacer cada uno su vida". La vida misma es respuesta a su propia llamada. Despierta en su seno la llama del deseo o la llamada del deber, todo el que tiene "una vida por delante" emprende un movimiento que le lleva siempre más arriba o más allá. Es un movimiento suscitado por la doble aspiración universal entre los seres humanos: a ser felices y a ser personas de bien, "normales", integradas en el mundo de quienes detentamos el dudoso privilegio de representar a todos los habitantes del planeta. Pero este movimiento no es el único en la vida. Es el movimiento de la vida, siempre desde dentro hacia afuera. No es, en la vida, lo único que hay, sin embargo.

II

En la vida hay otro momento. No es un momento *de* la vida pero sucede *en* la vida. La vida es como un río cuyas aguas, movidas por la aspiración universal a la felicidad y a la moralidad -más a la primera que a la segunda-, retroceden ante este segundo momento: el momento de la responsabilidad. La responsabilidad se confunde habitualmente con el deber y se reduce a él. Ser responsable parece la virtud propia de quien cumple con sus obligaciones. Pero la responsabilidad tiene un sentido más profundo que el deber. El deber es el que es, guste o no: tanto más debido cuanto menos agradecido.

La responsabilidad, en cambio, es debida *y también querida.* Es el momento de hacer lo que uno debe y además quiere. Es una solución de compromiso entre las dos orientaciones de la vida plena: a la felicidad y a la moralidad. Tarde o temprano, ambas entran en conflicto: todo el que quiera ser buena persona de veras acabará metido en algún problema; todo el que quiera ser feliz acabará pensando en ser bueno solo hasta cierto punto, no tanto que uno acabe pasando por tonto y siendo presa fácil de las burlas.

La gratitud y el perdón son los dos polos de la responsabilidad: solo una persona agradecida puede estar dispuesta, llegado el caso, a perdonar; solo una persona dispuesta a perdonar puede sentirse llena de gratitud. Ambos definen aquel momento que, cuando sucede en la vida, la detiene, la hace retroceder, invierte su rumbo: desde dentro hacia fuera. Lo que sucede en la gratitud o el perdón es, sin duda, un cambio de sentido: desde fuera hacia dentro. El bien dentro sucede al bien fuera.

Gratitud y perdón no son simplemente buenas obras. No son acciones exclusivamente propias de las buenas personas: ¿acaso alguien que no teníamos por buena persona será incapaz de sorprendernos con un gesto de gratitud o de perdón? No son la respuesta de un alma bondadosa o indulgente, siempre dispuesta a agradecer el bien recibido o a perdonar el mal infligido. Son expresiones polares de la responsabilidad. Con ellas no respondemos *a* una llamada. Respondemos *de* alguien a quien sentimos que debemos perdonar o agradecer algo -acaso el perdón esperado y recibido por nosotros mismos-.

La gratitud y el perdón son la llave que abre una puerta cerrada para cada uno de nosotros. Nadie tiene en sus manos la llave de esta puerta, como tiene, hasta cierto punto, la de la felicidad y la moralidad. Esta puerta es el pasado. Todos podemos contarnos y contar a los demás nuestro pasado. Pero no podemos *dárnoslo*. Una cosa es la historia que hacemos o contamos: es parte del movimiento de la vida, de ese momento que todo ser humano necesita para "hacer su vida". Para hacer nuestra vida necesitamos contárnosla o explicárnosla de alguna manera. Otra cosa, en cambio, es el pasado realmente vivido por cada uno de nosotros. El pasado es como una mano tendida y colmada de presentes posibles. Sin pasado no hay presente ni, por tanto, futuro. Pero esa mano no es la nuestra. Es la de quien nos da lo que nos debe: su gratitud o su perdón.

La mano tendida desde el pasado a cada uno de nosotros es la de aquellos que hemos dejado atrás. Atrás, en los múltiples inframundos de este mundo, hemos dejado a quienes no contamos entre las personas "normales" sino entre "esa gente" que no representa nada para nosotros. La dejamos atrás porque nuestra razón o nuestra fe necesitan eso, dejar atrás el corazón, lo sensible y particular, a fin de alcanzar lo inteligible y universal. Respondiendo a la llamada de la vida dejamos atrás la vida misma. En pos de una vida más plena -más duradera y de mejor calidad- dejamos atrás a quienes han caído en el camino y no consiguen levantarse por sí mismos. El futuro es de los buenos, de los fuertes, de los que perseveran en la virtud sin claudicar, de todos aquellos, en fin, a quienes nadie ha regalado nada: todo se lo deben a su propio esfuerzo.

Pero el futuro de la religión y de la ciencia tiene los pies de barro. Sin presente no hay futuro. Y, sin pasado, no hay ninguno de los dos. La aventura de la razón, de la fe en la razón o de las razones para la fe, es la desventura de todos aquellos que repiten o rechazan su pasado: unos y otros siguen atados a él. Es la desventura de un mundo que, para representar a todos sus habitantes, necesita olvidar a buena parte de ellos. Es la deriva de un mundo ocupado por unos pocos que viven a costa de tantos como, en este mundo, a duras penas sobreviven.

Una razón sin corazón o una fe sin obras son incapaces de ofrecernos lo que más necesitamos -aún más que una razón para vivir y entender el sentido de la vida-: un pasado real, no simplemente contado o explicado. Hay muchas maneras de contar lo que nos ha pasado. Hay muchas razones para explicarlo. Pero pasado solo hay uno. Y sólo el perdón o la gratitud de otro ser humano puede entregarnos la llave capaz de abrir la puerta de nuestro pasado y de cerrarla para siempre. Y sólo nosotros mismos tenemos la llave capaz de abrir y cerrar esta puerta en la vida de los demás. Nadie tiene en sus manos la llave que abre su propia puerta sino la puerta de su propio compañero de camino, un perfecto desconocido acaso.

Todos aspiramos a una vida plena, a una buena vida. Todos necesitamos una razón para vivir. Todos buscamos lo mismo: los medios para ser felices sin ser malas personas. Lo que no buscamos, porque no creemos necesitarlo, es una vida verdaderamente buena. Si la buena vida la buscamos nosotros con la pasión o la lealtad de quien responde a una llamada, *la vida buena*, en cambio, nos busca a nosotros, en cierto sentido. Invierte el sentido de nuestro movimiento, siempre hacia arriba o hacia adelante. Hace retroceder las aguas del río que nos lleva hacia el mar de la dicha y de la meta: *"nuestras vidas son los ríos que van a dar al mar, que es el morir"*, recuerda el alma dormida mientras escucha las coplas de Jorge Manrique a la muerte de su padre. Siempre desde dentro hacia fuera, la vida invierte, de pronto, su rumbo y empieza su segundo momento: de fuera hacia dentro.

Ahora me parece que podemos responder a aquella pregunta con la que se iniciaba nuestra reflexión y a la que la filosofía moral creo que no ha dado nunca respuesta porque ni siquiera la ha tomado en consideración: "¿con quién te juntas?". La respuesta es clara: yo no me junto con nadie. Yo no necesito juntarme con nadie porque no necesito complicarme la vida. Lo único que busco es una vida buena.

Lo que pasa es que la vida buena, que busco sin necesitarla, sin darme cuenta de que la estoy buscando, sin buscarla, pues, conscientemente, *me busca*, en realidad, a mí. Y, ¿qué puedo hacer yo? Si quiero ser una buena persona de verdad sé que me voy a complicar la vida sin necesidad. Todos tenemos problemas en la vida. La cuestión es qué hacemos con ellos: unos siguen viviendo como si no hubiese ningún problema o como si hubiese un experto con la solución para cada problema que se pueda presentar; otros, en cambio, hacen frente a los problemas. Si buscamos una ética para un mundo roto, necesitamos un fundamento que no se acabe estrellando contra los muros alzados entre las personas normales, las "buenas personas", y las demás. Este fundamento no puede ser, por las razones expuestas, ni la aspiración natural a la felicidad ni el deber por el deber, a costa de la felicidad si es preciso. La tesis de este libro es que la gratitud y el perdón constituyen el único fundamento firme de una ética para un mundo roto.

Decir de aquel anciano cuyo hijo era un caso perdido que era un buen padre o que tenía un buen corazón me parece poco decir. Las personas que tienen corazón necesitan tener también razón: corazón para buscar la felicidad y razón para no buscarla a costa del bien de los demás. Como una solución definitiva al inevitable conflicto entre la razón y el corazón o la felicidad y la moralidad creo que nadie la ha encontrado todavía, me parece oportuna y necesaria, mientras tanto, una solución de compromiso. Es la posición que adopta, sin proponérselo, el padre del hijo pródigo. Las páginas que siguen pretenden exponer una manera justa de acercarse a ella.

1. No somos cosas

¿Qué fue lo que se me rompió por dentro mientras escuchaba a mi interlocutor hablar de su hijo? Un padre tierno y paciente ¿acaso no debía hablar bien de su propio hijo? Pero no era simplemente eso, hablar bien, lo que hacía mientras yo le escuchaba. Hablaba no solo de lo bueno sino también de lo malo que veía en su hijo: he aquí la diferencia entre las habladurías de la gente y sus propias palabras. En la opinión de la gente su hijo era un perdido: otro más entre "esa gente", "carne de presidio", desecho de la Humanidad. En las palabras del padre, su propio hijo era un perdido que no había perdido, con todo, el corazón.

El corazón es la esencia del ser humano, según Michel Henry. El ser humano tiene corazón porque es precisamente eso, corazón: capacidad de sufrir y de gozar, de tener sensaciones y sentimientos, a veces opuestos o mezclados entre sí. Ni la opinión de la gente ni el análisis de los expertos en cualquiera de las ciencias que se ocupan del hombre -las neurociencias de hoy y de mañana- son capaces de alcanzar la lucidez de tamaña definición: la de aquel anciano que, mientras la gente se refería a su hijo como a un caso perdido, él conservaba, para él y aún para sí mismo, la esencia pura y duradera de lo que su hijo era, de lo que somos todos: corazón.

Al escuchar las palabras de aquel anciano, mientras hablaba de su propio hijo, no me cabe duda de que fue el corazón lo que se me rompió por dentro. El corazón no se rompe como un objeto cualquiera, antes entero. El corazón no es más que eso: su propio romperse. Destello del bien, que es su propio derramarse, *Bonum diffusivum est*. En el corazón roto es donde llegamos al corazón mismo, donde reconocemos el corazón de las personas: el propio en el de los demás y el de los demás en el propio.

Las opiniones o habladurías son como objetos inertes y enteros, dardos quizás, que nadie consigue romper porque nada tienen que ver con el corazón y la vida de las personas. Por ello suenan con dureza o con la amarga corteza de lo inauténtico o con una apariencia de seguridad que la vida humana no puede ofrecer porque ella misma es radical inseguridad.

Y suelen hablar del futuro, por cierto, pero no para despejarlo o encender, al menos, una luz, todo lo tímida y vacilante que se quiera, sobre él. Hablan del futuro para cerrárselo a quienes no tienen futuro porque no pueden tenerlo, porque son casos perdidos, condenados a la muerte social, es decir, a la muerte en vida, pesadilla de la peor de las muertes. En realidad, los que no ven futuro a los perdidos ven el tiempo pasar como si fuera por un camino: para el que va por mal camino mal acaba su destino.

Pero el tiempo no pasa como un viajero por su camino. El tiempo no se limita a pasar, a durar hasta su término. El tiempo de los seres humanos no es puro paso: es presente. La vida es un presente, un instante que se detiene para nosotros si nosotros nos detenemos para él. Es la dádiva que una mano tendida deja sobre nuestras manos abiertas. Los que opinan, gente corriente o sesudos científicos, no ven futuro a los perdidos porque no les ofrecen un pasado. No les tienden esa mano generosa que un padre, un amigo o quién sabe quién, mantiene siempre abierta para los que menos tienen. Sin un pasado, nadie tiene presente. Y, sin presente, no hay futuro. El padre que mira a su hijo perdido no le ve simplemente perdido, sin presente ni futuro. No lo ve como todo el mundo porque le da un pasado.

Es el pasado que todos necesitamos para no perdernos en la vida. Solo hay un gesto, una mano tendida, que puede ofrecérnoslo: es el gesto de gratitud o de perdón que recibimos de quien lo tiene con nosotros. Lo que haya pasado en nuestra vida se convierte en el pasado de cada uno de nosotros, en nuestro propio pasado, por obra y gracia de este gesto. Sobre un pasado agradecido o perdonado es posible edificar un presente y proyectar un futuro. El problema es que nadie puede darse a sí mismo un pasado, el suyo propio: todos necesitamos recibirlo en el gesto de quien nos lo agradece o nos lo perdona o ambas cosas a la vez. Es el gesto del padre capaz de ver lo malo en la vida de su hijo sin olvidar lo bueno que hay también en su corazón.

Las cosas, las opiniones -sin fundamento científico o con él- que rodean la vida de las personas, no tienen tiempo porque no lo necesitan. El tiempo pasa por ellas como el viento que barre unas hojas y trae otras. Por eso no se rompen. Simplemente aparecen y desaparecen. La vida humana, en cambio, no es una cosa más entre tantas otras como la rodean. *Las personas no somos cosas.* Tenemos un corazón, una capacidad increíble de rompernos de dolor o vibrar de gozo. Por eso necesitamos una mano que nos recoja, que nos reciba, que no nos deje perdidos y sin futuro en cualquier rincón de la Tierra.

Y lo que nosotros necesitamos también lo necesitan nuestros semejantes. También ellos necesitan de nosotros un gesto de gratitud o de perdón. También ellos necesitan que recojamos los fragmentos de su corazón, de su vida rota y dispersa en tantas circunstancias. A ellos -como a nosotros mismos- nada les duele tanto como la ingratitud o la inclemencia. Ningún reproche deja crecer la hierba después de él. Ninguna comunicación es ya realmente posible entre quienes se han lanzado algún reproche y siguen recordando el momento exacto en que tuvo lugar. El reproche es un muro infranqueable entre quienes intentan relacionarse con normalidad y no pueden porque no se han dado mutuamente un pasado: sin pasado no hay presente ni futuro. Sin pasado no hay vida: solo individuos que se relacionan entre sí como si fueran cosas o medios para conseguir otras cosas…

II

El corazón es un símbolo de la vida humana y de lo invisible que la habita. La esencia de una persona nunca está a la vista. No se deja ver del todo ni siquiera en el más noble de sus gestos, que apenas permite entreverla. Tampoco se oculta del todo en su gesto más vil o desdeñoso, que es, a menudo, la ausencia de todo gesto, la inexpresividad calculada de quien mira para otro lado. Por eso no es prudente exaltar a nadie por sus buenas obras ni condenarle por las malas. De nadie podemos saber, con absoluta certeza, si es del todo bueno o del todo malo.

La vida, que late para cada ser humano al ritmo de su corazón, es ciega para otra cosa que no sea la vida misma. La vida solo sabe hablar de la vida. El hombre de buen corazón solo desde la bondad que atesora piensa y obra, habla y calla. Y, ¿a quién se le puede negar la remota posibilidad de que tenga un buen fondo, allá en lo más íntimo de su ser? ¿O de quién descartar la posibilidad de que algo turbio esté pululando en él? Como lo bueno, también lo malo habla de sí mismo. A veces, con la claridad que envuelve la vida del hombre bueno, o con la oscuridad que envuelve la del taimado. Lo habitual, sin embargo, es que la vida hable de sí misma como solo ella sabe hacerlo: sin necesidad de palabras.

El amor es ciego en este sentido. A diferencia de la pasión, ciega para todo menos para su objeto, el amor es ciego para lo que está a la vista pero capaz de sostener la mirada ante lo que pocos se detienen a mirar: el fondo, el corazón de las personas. El corazón es el símbolo de la mirada. Los ojos, potenciados con instrumentos de precisión, son el órgano de la vista. Los ojos necesitan corazón para mirar lo que ven y creen conocer. Y el corazón, a su vez, necesita ojos para ver lo que miran y poder hablar de ello con palabras que todos puedan entender. El corazón y la razón se necesitan entre sí.

Solo el corazón, por cierto, puede sentir tamaña necesidad. Puede sentirla: no siempre la siente. No necesita sentirla para sentirse a sí mismo. El corazón lo sabe. Se sabe a sí mismo. Con eso bien puede bastarle. Por eso tiende a "ir por libre". Es "todo corazón ": he aquí algo que se suele decir de ciertas personas. Unas veces, en alabanza suya. Otras, en piadoso vituperio, como cuando uno mismo reconoce que "se ha dejado llevar por el corazón" ¿Acaso no es el corazón humano otra cosa que esto, pura pasividad del que se deja conmover, llevar, romper o derramar a semejanza del bien, que es efusivo por naturaleza?

El problema es que, en nuestra cultura occidental, la cultura de la razón y de la fe -desde la sola fe luterana hasta la sola razón ilustrada- el corazón ha sido olvidado y despreciado. Por eso han podido nacer en ella una ciencia, una política o una religión sin corazón, ávidas de dominio: de ver sin mirar, con la rigurosa indiferencia de un conocimiento objetivo. Con el ardor, a su vez, de una pasión ciega para todo menos para su objeto. Objeto es lo arrojado ahí delante, *ob-iectus*. Solo esto. Objeto es todo aquello que uno arroja ante sus pies. Un objeto es, pues, una cosa y un saber objetivo es un saber de cosas que están ahí, al cabo de la calle, al alcance de la mano, del ojo que las ve o de la inteligencia que las identifica y organiza en el marco de un mundo repleto de cosas y de saberes sobre ellas. Nosotros mismos somos parte de este mundo, el único que existe.

Pero nosotros sabemos que no somos cosas. No queremos ser lo que no somos. La resistencia del hombre actual a ciertas formas de religión, maneras de entender la ciencia o peligros de la democracia? no es acaso la resistencia interior del ser humano a ser cosa, objeto, número o simple medio para fines supuestamente superiores a él? ¿Será el individualismo común en las sociedades de consumo un síntoma de esta resistencia o de su pérdida? Tal vez consumir sea una manera de resistir y de rendirse al mismo tiempo.

Cada vez que saboreo un producto gourmet, estreno coche, emprendo un viaje que me ilusiona, disfruto de un momento inolvidable o de una persona interesante, siento que soy yo, sí, yo mismo, el que tiene esa experiencia: ¡no soy una cosa! El problema es que un bocado gourmet incita a otro bocado, un coche nuevo se queda viejo enseguida, un viaje de regreso es de vuelta a la rutina, un momento pasa demasiado aprisa y hay muchas personas interesantes en el mundo. Como las hojas que barre el viento, así las cosas aparecen y desaparecen de nuestra vida: ¡rindámonos a la evidencia!

2. Sobre una ciencia, una religión y una política sin corazón

¡Ay de la ciencia sin corazón! Todos confiamos en su capacidad de mejorar la vida y transformar el mundo a través de sus increíbles aplicaciones técnicas. La ciencia es ahora -acaso más que nunca antes- la nueva religión: sucesora de la religión tradicional, la supera con creces hasta reducirla a las cenizas humeantes de una espiritualidad sin religión, sabiduría universal y siempre inspiradora. Lo que la ciencia ha descubierto es la última palabra sobre la vida y el mundo, tal como hoy los conocemos. No hay forma de saber comparable al conocimiento científico. A la sombra de la ciencia, todos los demás saberes se han vuelto radicalmente inseguros y sospechosos de no ser ni siquiera saberes sino maneras de engañar o distraer al personal: lo que eran, para el antiguo Israel, los dioses de otros pueblos, "hechura de manos humanas".

Pero no nos engañemos precisamente ahora que la ciencia se esfuerza en desenmascarar a tantos gurús o pseudocientíficos como pululan en derredor nuestro con ganas de engañarnos y someternos a su poder alternativo. No nos engañemos respecto de la propia ciencia. También ella es, en el fondo, "hechura de manos humanas". Como los falsos dioses, "tiene ojos y no ve". La ciencia solo ve objetos. Es incapaz de asomarse al corazón de las personas. Es incapaz de mirar lo que está viendo. No existe una "mirada científica" sobre la realidad sino una visión o, mejor dicho, cosmovisión científica. La ciencia ve hechos, reúne datos y mide variables: los que ofrece todo aquello que ha arrojado primero a sus pies, reducido a objeto.

El corazón, o su capacidad de mirar desde dentro, no se lo da la ciencia al hombre sino éste a *su* ciencia. El científico es, ante todo, un hombre de ciencia. Primero, ser humano, capaz de sufrir y gozar entre sus semejantes y acaso con ellos: mejor con ellos que en angustiosa soledad. A mayor visión, tanto más profunda y respetuosa ha de ser la mirada. A mayor conocimiento, mejor comprensión de lo descubierto gracias al método científico y de aquellos para quienes lo hemos descubierto: la inmensa muchedumbre de los seres humanos, cuyas vidas pueden mejorar después de cada progreso científico o empeorar quizá…

Lo cierto, sin embargo, es que la ciencia reina sin rival ni discusión posible. La visión se ha impuesto sobre la mirada. Los hechos, sobre la interpretación de los mismos. El conocimiento, sobre la comprensión: cada vez resulta más difícil tropezar con alguien que sepa distinguir el comprender del justificar, esto es, alguien capaz de entender que comprender la conducta de alguien no significa, en modo alguno, justificarla. La razón, sobre el corazón, siempre tan inquieto menos cuando se somete al dictado de la razón. La fe, sobre el amor, siempre tan ambiguo menos cuando la fe lo aclara y lo sublima. La verdad objetiva, fruto de la observación, el análisis y el esfuerzo intelectual, sobre las opiniones subjetivas de los individuos, que hoy son unas y mañana, acaso, las opuestas.

La verdad, o es objetiva o no es verdadera: he aquí el dogma de fe en la razón que hoy profesa media Humanidad. Hasta el hombre religioso profesa esta fe con la misma convicción que la suya propia, la del creyente en un Dios que ha creado la razón y dado el don de la fe a quien no se lo merece. La fe en la razón o en la ciencia es, por el contrario, una fe enteramente merecida por todos aquellos que están dispuestos a renunciar a sus impresiones personales y a los vagos sentimientos de su corazón. En palabras corrientes: a pensar y hacer lo que les venga en gana.

II

¡Ay de la religión sin corazón! Porque lo que, desde hace no tanto, representa la ciencia lo representaba antes la religión para nosotros. La religión ha criado entre sus pechos a los primeros hombres de ciencia, cuando todavía ni nombre propio tenían cada una de las disciplinas que se fueron desgajando de la filosofía, como de árbol frondoso y enhiesto bajo el cielo de la teología, helénica primero y cristiana en su posteridad. Sí la ciencia ha llegado a ser la nueva fe, ¿de dónde sino de su misma raíz ha podido brotar tamaña pretensión?

Para serlo todo, para justificar su pretensión de representar en este mundo a una divinidad que lo ve todo pero no todo lo ve con buenos ojos, se ha tenido que consumar un divorcio en el propio seno de la religión revelada. La fe, unida al amor y a la esperanza -las tres virtudes teologales de consuno-, se ha separado de una y de otra, quedando así reducida a la sola fe, que Lutero alzará sobre los príncipes dispuestos a secundar su causa como estandarte de la salvación reservada al individuo, sin otra ley que la dictada por su propio corazón.

Pero el corazón de un ser humano no puede entrar en pugna con otro, ni siquiera consigo mismo, sin dolor, sin ese desgarro tan íntimo y amargo con el que la voz de la conciencia consigue acallar, a veces, la del corazón. Porque la conciencia se hace oír desoyendo, en ocasiones, esta voz, que es la voz de todos, la voz de la vida, que no sabe hablar sino de sí misma con las palabras espontáneas de cada viviente en medio de su dolor o de su gozo, de su esperanza o de su desesperación, con esas palabras que vienen a ser, en el fondo, las más comunes de todas las palabras: querer, sufrir, olvidar…Hasta el hombre que no sabe leer ni escribir conoce perfectamente su significado.

La conciencia es, en cambio, siempre particular. Es la conciencia de cada cual. "Allá cada uno con su conciencia" se oye decir muchas veces. La conciencia es algo que se tiene o no se tiene, que cada uno tiene si es que no la ha perdido o ni siquiera la ha adquirido. Corazón, por el contrario, lo tenemos todos, en el fondo. Por eso, lo más duro que podemos decir de alguien es que no tiene corazón. Un hombre sin corazón es un ser sin humanidad. Y, sin humanidad, no puede haber conciencia tampoco. La conciencia de cada cual, sin corazón, es una cáscara vacía, una excusa para cometer todos los desmanes posibles sin tener que responder de ninguno, ni siquiera ante la propia conciencia, en el fondo inexistente.

El divorcio entre la fe y el amor es más que un fenómeno histórico, allá en el umbral de la modernidad occidental. Es una constante amenaza para la propia fe. Una fe sin obras es una "fe muerta", leemos ya en la carta de Santiago. Una fe sin amor o una conciencia sin corazón, ¿no es, acaso, el principio de todas las guerras? Desde luego lo es de todas esas batallas incruentas que sostienen el debate ideológico. No es casualidad que esta palabra, "debate", hermana de "combate" por compartir con ella la misma raíz, se haya vuelto sinónima de otra cuyo significado es el más opuesto al de cuantas puedan sugerir relación alguna con la guerra. Me refiero a la palabra "diálogo".

Un diálogo es todo lo contrario de un debate o combate entre ideas o creencias. Un diálogo es algo que ningún debate puede conseguir: el encuentro entre sus interlocutores, entre las personas que dialogan. Al debate, o combate, se acude armado de argumentos. Al diálogo se va, por el contrario, desarmado y aun desnudo: abierto a la palabra y a la vida de los otros. Al debate se va a defender la propia posición que, confrontada con la ajena, ha de salir airosamente reforzada, como poco. Al diálogo, en cambio, no se va a defender nada ni a enfrentarse uno con nadie. Se va solo a escuchar la palabra del interlocutor y el eco que deja su voz en la vida y en el pensamiento del que escucha. Porque, si de un debate se puede salir airoso o desairado, de un diálogo se sale siempre diferente: otro es el que sale respecto del que ha entrado.

Ser otro sin dejar de ser el mismo que uno era antes: he aquí lo que solo puede hacer posible un gesto, el de gratitud o perdón. Cada vez que alguien tiene este gesto con cualquiera de nosotros, se siente uno renovado: otro sin dejar de ser el que se era. Cada vez que lo tenemos nosotros con alguien, le hacemos sentirse renovado, nuevo sin empezar a ser otra cosa, otro sin dejar de ser el que se era.

El gesto de gratitud o perdón es tan poderoso porque no es un signo de cálida cordialidad ni de fría racionalidad. No brota solo del corazón ni solo de la razón. Es el fruto de una decisión cordial y racional a la vez. Y el diálogo viene a ser el camino por el que nos lleva esta decisión, la más difícil de todas, quizá. No faltan nunca razones que oponer a las razones del interlocutor, tan fácil de convertir en adversario de un debate, en potencial enemigo a batir. Pero las razones, como las armas, se pueden entregar.

Es entonces cuando, desarmado, entra uno en el diálogo y sale de él como solo es posible salir de un diálogo: sin respuestas definitivas, sin razones vencedoras, sin religiones triunfantes, dispuesto siempre a nuevos encuentros. Y solo un gesto de gratitud o de perdón será otra vez capaz de propiciarlos. Si Atenas hubiera agradecido a Sócrates su preciado servicio a los atenienses, el diálogo habría seguido vivo en la ciudad. Sócrates se fue, no obstante, de este mundo con un inmenso gesto de piedad hacia sus conciudadanos, todos aquellos que le habían oído hablar cada día en la plaza pública con palabras corrientes acerca de las cosas comunes de la vida: con razón y corazón.

III

¡Ay, en fin, de la política sin corazón! La política sin corazón escenifica la desaparición del diálogo, confundido con el debate entre ideas o creencias, al menos aparentemente opuestas entre sí. En una democracia sin alma es forzoso debatir, no dialogar. Se trata de llegar a la mesa o a la tribuna con ideas claras o proyectos concretos. El que convenza por la claridad de sus argumentos o la viabilidad de sus proyectos saldrá vencedor en el debate. Vence el que convence. En un debate se trata, en el fondo, de lo mismo que en un combate: de vencer o superar. Basta con suavizar el tono para que el debate revista la apariencia de un diálogo y pierda la dureza propia del combate: ¡Hay que ser educados! De este modo, el diálogo desaparece de la escena pública y el vacío que deja lo llenan los debates, amablemente presentados como encuentros, conferencias o foros abiertos a todos los asuntos y personas posibles.

La pasión por el debate expulsa el diálogo al fuero de la vida privada y el corazón a la esfera íntima de los sentimientos personales. Y no es que el debate no sea, en realidad, una pasión saludable y fortalecedora de la democracia. Es que un debate sin diálogo de fondo acaba siendo demasiado debate, demasiado combativo. Si se trata de vencer convenciendo, es decir, de zanjar el debate con la victoria para uno de los contendientes, ya no merece demasiada atención lo que pueda pasar durante el propio debate. Lo importante es que el debate acabe del mejor modo posible para cada una de las partes.

Pero, ¿y si lo importante no fuera la meta sino el camino? La sola posibilidad de que lo importante sea el camino introduce entre los contendientes de un debate, de cualquier debate -la vida misma puede ser entendida como una lucha en la que cada cual se debate-, la pregunta por la naturaleza del bien. Si el bien es algo que está en mis manos -en las de cualquiera-, que yo mismo puedo hacer si quiero ser una buena persona, entonces lo importante no es el camino. El camino es simplemente el medio o repertorio de medios necesarios para conseguir lo bien hecho. Ahora bien, la experiencia de la vida nos enseña a todos que no es así, que no siempre conseguimos hacer el bien que nos hemos propuesto. Una cosa es querer el bien, otra hacerlo.

¿Qué puede movernos a querer el bien si no es el bien recibido? Querer el bien, esto es, una buena voluntad, es el mayor de los bienes que uno puede concebir en este mundo o más allá de él, según Kant. Con independencia de que uno consiga hacer lo que quiere, su buena voluntad es un bien por sí mismo, el bien absoluto. Pero la pregunta sigue en pie: ¿por qué tener una buena voluntad?, ¿qué nos puede mover a querer el bien de otra persona aunque no esté en nuestras manos? Mi respuesta a esta pregunta es que el bien, ya esté en nuestras manos o no, es siempre algo que sucede. El bien sucede al bien en el gesto de gratitud o de perdón. Uno quiere el bien de otro si ha recibido, a su vez, un bien de él. El bien sucede por pura gratitud: bien cuando uno agradece a otro el bien recibido bien cuando le perdona el daño causado.

En el caso del agradecimiento la cosa está clara: "es de bien nacidos ser agradecidos" porque hacer el bien a quienes nos lo hacen a nosotros parece lo más natural del mundo. Ahora bien, en el caso del perdón, la cosa deja de ser clara y natural. No parece que haya razón alguna para hacer el bien a quien nos ha hecho daño o creemos que nos lo ha hecho. Y, sin embargo, ¿no es cierto que una persona agradecida, es decir, predispuesta a la gratitud para con muchos o para con uno solo, al menos, estará más dispuesta a la comprensión y al perdón que otra cualquiera? Una persona agradecida a Dios o a la vida, alguien que cree haber recibido de Dios o de la vida mucho más de lo que le ha dado no devolverá mal por mal tan fácilmente como quien tiene por máxima "a mí nadie me ha regalado nada".

Las personas agradecidas no necesitan vencer o superar a nadie. No sienten la menor necesidad de combatir o debatir con otros. Lo que sienten es, más bien, la necesidad de dialogar con todos. Así como el debate termina con la victoria para uno de los contendientes, el diálogo no tiene fin. Es un camino sin meta, ese camino que, como dice el poeta, "se hace al andar". Es la alegría serena de caminar acompañado la que abre el camino al infinito. Es, en la historia del pensamiento occidental, la *aporía* -sin caminos, sin recursos- inagotable del diálogo socrático o la pregunta que dejan siempre abierta las parábolas de Cristo. Las ideas y las creencias ¿no han de ponerse a caminar por las plazas de la filosofía socrática o por los caminos polvorientos donde se tropieza uno con el mendigo Lázaro o con el hijo pródigo que vuelve a casa avergonzado?

IV

Desde la ciencia ha llegado a la religión y a la política -entendida como servicio a los demás con sacrificio de uno mismo- la figura del profesional. En la ciencia es una figura necesaria, hoy más que nunca imprescindible. No hay ciencia con porvenir sin personas que se dediquen profesionalmente a ella. La ciencia es una creación humana. La religión, en cambio, no parece que lo sea del todo. Parece, más bien, el fruto de una revelación divina, esto es, de una comunicación directa entre los dioses y los hombres. Hay mucho de creación humana en toda religión, por supuesto: no hay culto sin cultura floreciente a su alrededor. Pero, solo para una mentalidad positivista, puede quedar reducida a eso, a invención de una cultura atrasada y acosada por el miedo y la angustia.

El profesional de la religión o de la política incurre naturalmente en la misma ambigüedad que envuelve la vida del profesional allí donde éste es una figura necesaria: en la ciencia y en la técnica. El profesional es un ser humano. Tiene ojos para ver hechos objetivos, hechos que no representan seguramente nada en su vida personal. Pero tiene también corazón para mirar esos hechos mientras piensa en aquellos seres humanos que podrán salir beneficiados o perjudicados por su trabajo a partir de esos hechos. Seres humanos lo son, al fin y al cabo, sus propios hijos o sus propios padres. Por algo nadie debería querer para los extraños lo que no quieren para los suyos.

Entre el profesional secular y el profesional religioso hay, sin embargo, una gran diferencia. Aquel puede mantenerse en la ambigüedad entre lo que está llamado a ser y el que es: profesional primero, ser humano después. Tiene vida privada y todo el derecho del mundo a tenerla. Por eso inquieta pero no sorprende que alguien sea brillante solo en su vida profesional: fuera de ella, quizá no. De un excelente cirujano, por ejemplo, todos damos por supuesto que es una persona excelente. Pero no tiene por qué serlo: he aquí lo inquietante que, en el fondo, no sorprende a nadie porque todo el mundo puede comprenderlo. Todo el mundo puede comprender la diferencia entre ser un buen profesional y una buena persona. Para ser lo primero no hace falta ser lo segundo ni viceversa.

El profesional de la religión, en cambio, lo es a tiempo completo. Lo es hasta el punto de que se olvida -o debería olvidarse- de quién es: un ser tan humano como otro cualquiera. Por eso, más que mantenerse en la ambigüedad, se debate en ella. Su vida está marcada por una tensión irresoluble entre la razón y el corazón, entre su vocación particular y su condición humana común ¿Puede un ser humano olvidarse de quién es? ¿O puede olvidar lo que está llamado a ser? He aquí, pues, una pregunta abierta en el fondo de todas las preguntas acerca de lo que nos hace humanos. No sería honesto ignorarla en gracia de una singular asistencia divina que haría de ciertos seres humanos seres sobrehumanos, capaces de un total olvido de sí por amor a aquello que se sienten llamados a ser con la fuerza de una vocación sagrada.

A mí me parece, sin embargo, que ésta es una pregunta incómoda para muchos, ignorada u olvidada por no pocos. El profesional de la religión es un ser humano cualquiera. Aparentemente nada le distingue de los demás seres humanos. Aparentemente nada le eleva sobre los demás. Pero resulta que su profesión consiste precisamente en eso, en elevarse sobre los demás para elevar a los demás, para elevar la condición humana común a un nivel superior: el de las personas sin profesión particular ni tiempo para otra cosa que no sea su vida misma, al servicio de Dios o de los demás. Tal vez el sacerdote -o el servidor del bien público que sacrifica su vida personal en el altar del Estado- no debería haber asumido nunca la figura del profesional en su apariencia, en el trato con sus semejantes y, sobre todo, en su quehacer cotidiano. El que hace lo que le gusta no trabaja nunca. El que disfruta de lo que hace vive dos veces: su trabajo es vida y su vida es vocación o vacación.

3. Sobre la diferencia decisiva entre ver y mirar

Pero volvamos a la mesa donde sigo sentado frente a un anciano que me habla de su hijo y de su buen corazón. Es un perdido que no lo ha perdido todo pues, al menos, le queda el corazón. Tampoco su padre lo ha perdido. Este padre se esfuerza por aliviar, en su propio corazón herido por las infamias de su hijo, esa tensión irresoluble que vemos a punto de romperse en el interior del hombre consagrado a Dios o a los demás: la de ser humano y más que humano al mismo tiempo. Después de todo, la paternidad ¿no es, en cierto modo, una vocación sagrada? ¿No es lo sagrado todo aquello de lo que no podemos disponer, precisamente aquello que no es posible enseñar en ninguna escuela del mundo pero que necesitamos aprender todos cada día?

El corazón ha sido tan despreciado en nuestra cultura occidental que se le ha asociado siempre a esas formas inferiores de conocimiento que llamamos *sentimientos*. Todo el que aspire a un conocimiento racional y objetivo de las cosas -y de las personas- tendrá que dejar de lado sus propios sentimientos. Tendrá que arrojarlos fuera de sí para poder contemplarlos después como si fueran simples cosas, objetos de cuyo estudio se puede ocupar la neuropsicología, por ejemplo. Los sentimientos no deben cruzarse nunca en nuestra visión objetiva de las cosas. La verdad es indiferente porque es insensible. No necesita gustar a nadie. No debería hacerlo. Por algo las verdades, cuanto menos gustan, son tenidas por más verdaderas. Solo el racionalismo de nuestra cultura ha podido convencernos de tamaña enormidad.

Una verdad objetiva, una ciencia sin sentimientos, una inteligencia sin corazón, ¿a dónde nos llevan, en realidad? A donde el anciano que me sigue hablando de su hijo no quiere llegar: a una sociedad donde los científicos y los técnicos -psicólogos y demás profesionales o expertos en la conducta humana- lo acaben decidiendo absolutamente todo, es decir, el nombre exacto de cada cosa, de cada estado, de cada sensación. El anciano padre de este hijo pródigo conoce de sobra la palabra justa para expresar el estado en que se encuentra su hijo porque conoce el corazón de su hijo. Ahí no llega la ciencia: más bien, pasa de largo en busca de la verdad sin corazón, indiferente a los sentimientos de dolor o de gozo, de esperanza o desencanto, de ilusión o melancolía. Pues bien, el corazón, como ya he apuntado, es la definición del ser humano. Con él decimos no lo que está llamado a ser sino lo que es, lo que somos cada uno de nosotros: un ser capaz de sufrir y de gozar como solo cada uno sabe hacerlo.

La mirada del padre sobre su hijo apunta *más acá* de lo que la ciencia puede ofrecer: el término preciso para referirse a lo que todo ser humano está llamado a ser, alguien en posesión plena de sus facultades físicas y mentales. La ciencia solo puede referirse a lo que somos de hecho en términos de carencia, esto es, en palabras apropiadas para expresar el estado de quien aún no ha llegado a ser, o no podrá ser acaso nunca, lo que está llamado a ser. Por eso la ciencia se rinde al sentido común, que divide a los seres humanos en buenos o malos, sanos o enfermos, realizados o fracasados. Así, por cierto, hay, para entendernos, un colesterol "bueno" y otro "malo". Hay tumores benignos y otros malignos. Energía limpia o sucia. Alimentos saludables o perjudiciales...Después de todo, la ciencia parte del sentido común y a él acaba regresando. Nadie comparte, por ejemplo, la opinión de un terraplanista por ir en contra de la evidencia científica sino del sentido común, que ha hecho suya tamaña evidencia. El sentido común no deja de ser, en realidad, un acervo de opiniones que la ciencia descalifica o justifica sin cesar.

La mirada del padre apunta a lo que su hijo es de hecho, más acá de lo que estaba llamado a ser en la vida: no mera sombra de lo que estaba llamado a ser ni un perdido entre la muchedumbre de los perdidos o fracasados de tantas maneras ni una lástima de hombre ni un desecho de la Humanidad...La mirada del padre alcanza el corazón, esto es, el verdadero ser de su hijo. El corazón es el verdadero ser humano porque, como en un espejo, se refleja en él toda la ambigüedad de su respuesta a la llamada a ser lo que él mismo cree o quiere ser.

Es en el ser humano concreto, de carne y hueso, donde se refleja, como en un espejo, la figura vacilante del que está llamado a ser. Debajo del profesional, de todo aquello que uno quiere o cree ser, hay un ser humano que lo sostiene como puede, con sus momentos de luz y sus tinieblas. Debajo, detrás o más acá del querer está el poder. Por eso vivimos todos más como podemos que como queremos: otra cosa es lo que aparentamos. Las apariencias no son sino maneras de ocultarnos -y de ocultar, por ende, a los demás- la realidad de lo que somos. Aunque los ojos no la vean, el corazón sigue sintiendo la realidad que ellos no quieren ver. No es, pues, del todo cierto, aquello de que "ojos que no ven, corazón que no siente". No siente tanto, pero algo, en el fondo, siente siempre.

Debajo o detrás, más acá de lo queremos o creemos ser, se oculta lo que somos, en realidad. La vista es, en mayor medida que los demás sentidos, la facultad de lo externo. Podemos ver lo que está fuera de nosotros, es decir, lo que está, más o menos, *a la vista*. Lo que no está a la vista no podemos verlo. Por eso el corazón de las personas es invisible: no está a la vista, fuera o más allá de nosotros. Está más acá, debajo o detrás del ser humano que aparece, a los ojos de los demás más que a los de uno mismo, investido de una dignidad o misión confiada por alguien que nos llama a ser algo o alguien en la vida. Toda una tradición nos ha movido a mirar *más allá*, sin embargo, como si estuviera más allá de nosotros la respuesta a todas nuestras preguntas.

Pero la respuesta no está seguramente más allá de nosotros. Está, acaso, más acá, donde no alcanza la vista porque no hay distancia suficiente para ver nada. Más acá, en el corazón de las personas, es donde alcanza propiamente la mirada. Mirar no es una manera de ver. Mirar es, más bien, tocar lo invisible, lo intocable, lo inaudible, lo que ninguno de nuestros sentidos es capaz de percibir, ni siquiera con el apoyo de los mejores instrumentos de precisión. No en vano, cada vez que uno se acerca al corazón de otro, se suele decir aquello de que "le ha tocado el corazón".

Mirar es tocar con respeto, tocar a distancia allí donde no hay distancia alguna y, por ello, nada que ver. Mirar es hacer sentir a las personas que valen por sí mismas, por lo que son realmente y no por lo que quieren o creen ser. Mirar es un gesto que nos sitúa más acá de las apariencias, en el corazón invisible, inaudible, intangible e inviolable de cada ser humano. Mirar es la obra suprema del amor. "Dios no ve como los hombres, que ven las apariencias. Dios *mira* el corazón".

II

El padre del hijo pródigo tiene dos hijos, como sabemos quienes hemos leído la parábola evangélica que a él se refiere. Uno de ellos es lo que está llamado a ser, al menos aparentemente: buen hijo y, por tanto, buena persona; bueno en su trabajo y es de suponer que también en lo demás. El otro hijo, en cambio, es lo que es: un perdido, un pródigo, un desastre. Lo razonable sería que el padre de la parábola prefiriese al primero y desdeñase al segundo. Lo razonable sería igualmente que fuera aquel su heredero en exclusiva. Pero no es esto lo que sucede. No es que el padre no sea un hombre razonable. Es que no solo es eso. Es también un hombre de buen corazón. Aquí está, pues, el meollo de la parábola: en la tensión irresoluble entre la razón y el corazón. Un hombre que quiera ser solo razonable no estará dispuesto a soportar tanta tensión. Un hombre que quiera ser justo -solo justo- pensará, como es natural, que no puede ser nada mejor en la vida.

Pero el padre del hijo pródigo tiene dos hijos, como acabo de recordar: uno sensato e insensato el otro; uno ejemplar y el otro, en cambio, ejemplo de nada. Y los reconoce a ambos como hijos suyos. No está dispuesto a renegar del insensato, del perdido, del pródigo: también éste es hijo suyo. No pretende eludir la ambigüedad en que corazón y razón dejan la vida humana frente a decisiones importantes: todas aquellas que requieren razón y corazón cada vez que ambos entran en conflicto mutuo. Está dispuesto a mantenerse en ella porque sabe que ninguna respuesta a lo que un hombre está llamado a ser es completa y definitiva.

La respuesta de su hijo pródigo es ciertamente decepcionante. Pero el hijo ejemplar, el que parecía haber dado una buena respuesta a lo que estaba llamado a ser, acaba dando la espalda a su padre y a su hermano. Y con toda la razón: no hay derecho a ser tratado igual o acaso peor que el hijo pródigo. Lo razonable, lo justo, habría sido que el hijo ejemplar hubiera recibido un trato ejemplar mientras el pródigo cumplía el castigo merecido ¿No es verdad que Dios premia a los buenos y castiga a los malos? No es justo ni razonable, pues, que el pródigo sea recibido por su padre de vuelta a casa con una fiesta de bienvenida. Quién merecía realmente esa fiesta era el hijo ejemplar, el que se había quedado en casa al servicio de su padre.

Ideas como la de lo que es razonable o justo, conforme a los méritos o deméritos de cada cual, están a la vista de todo el que tenga ojos para ver. Escapan, sin embargo, a la mirada del corazón, que no tiene ojos para ver sino tacto para tocar el corazón de todos aquellos que puedan estar al alcance de la vista. Lo ideal sería, en efecto, que lo razonable, lo justo o meritorio, fueran la solución a los conflictos entre las personas. Pero la vida humana no es ningún ideal ni responde nunca del todo a ideal alguno. La vida es la realidad, esa obstinada resistencia al ideal que nos vemos obligados a reconocer cuando decimos cosas como "la realidad es la que es". "La verdad es la que es, aunque se la vea del revés", sentencia el gran Antonio de Mairena.

III

Nociones como la de "lo razonable", "lo justo" o la sola idea de mérito nos mantienen en la ambigüedad que envuelve la relación entre razón y corazón. No solo no nos sacan de ella sino que, bien al contrario, nos exponen a ella radicalmente. Nadie es del todo lo que está llamado a ser ni tampoco lo que es. Nadie es del todo bueno ni del todo malo, del todo feliz ni, en el fondo, del todo desdichado. Nadie es del todo nada de lo que cree ser: razonable, justo, merecedor de lo que ha logrado con esfuerzo o recibido por derecho propio. Las apariencias engañan: a uno mismo, el primero, y a los demás después.

Esto es así porque al ser humano le pertenece aquel género de realidad que llamamos "persona". Como ha puesto de relieve Julián Marías, el ser humano no es nunca algo dado o hecho, una cosa que está ahí y podemos ver con los ojos y analizar con el método y los instrumentos de las ciencias naturales y sociales. El ser humano está siendo, haciéndose sin cesar. Por eso, además de biología, tiene biografía: la que escribe cada cual con sus palabras y obras, con sus virtudes y defectos. Cada uno es lo que es, por supuesto. Pero no solo es eso. Es también lo que está llamado a ser: todo lo ambiguamente que se quiera pero ¡lo es!

Lo cierto, sin embargo, es que tendemos a referirnos a los demás como si fueran cosas. Hablamos de ellos mucho más que con ellos. Al hablar de los otros los reducimos, sin querer, a meras cosas u objetos de conversación. Y, así cosificados, pierden interés para nosotros como interlocutores. Cuanto más hablamos de los demás tanto menos interés sentimos en hablar con ellos. Cuanto más creemos conocerlos tanto menos los conocemos. En realidad, lo primero es siempre el encuentro, el hablar de los seres humanos entre sí, unos con otros. Pero el encuentro, muchas veces, no llega a tener lugar. Se habla con otros pero de terceros ausentes. La conversación no es más que ocasión para hablar de quienes no participan en ella. El encuentro es ocasión, mera coincidencia de personas y opiniones. No es verdadero encuentro.

Encuentro es la conjunción, rara pero posible, entre la razón y el corazón. Los interlocutores pueden hablar espontáneamente de lo que quieran, también de los ausentes, pero siempre desde sí mismos, desde lo que ellos son, en realidad. Hablando desde lo que somos, desde el corazón que solo sabe hablar de sí mismo, hablamos de una manera menos cosificadora, mucho más profunda o personal. Lo decisivo no es entonces aquello de lo que se habla sino desde dónde se habla. No es necesario hablar de asuntos especialmente íntimos o delicados para que haya un verdadero encuentro. Se puede hablar de asuntos comunes, que afectan a todos porque son la sustancia de la vida misma. Si se habla de ellos desde lo que uno mismo es o vive, hay, pues, encuentro entre personas.

Lo que sucede normalmente es que no hay encuentro. No hay más que una apariencia de encuentro, porque cada cual habla de todo pero no *desde sí mismo*. Y, cuando habla de sí mismo, se refiere a lo que está llamado a ser con la falsa humildad de quien asegura intentar ser eso que está llamado a ser. Seguramente no lo ha intentado nunca. Y no porque no quiera sino porque no puede: sin corazón, la razón es incapaz de mirar hacia cualquier objeto sino con la distancia o indiferencia de quien se limita a verlo e identificarlo.

La razón no sabe mirar lo que ve. No hay una mirada científica sino una visión racional, objetiva y científica de la realidad. Por eso, uno puede ver muy claro lo que está llamado a ser. Puede verlo con la objetividad que le garantiza una visión racional y científica de las cosas y de las personas. Puede acudir a la psicología, por ejemplo, en busca del término o de la fórmula que mejor expresa la visión de sí mismo o de los demás. Pero la psicología -como cualquier otra disciplina científica- no puede ayudarnos a mirar con serenidad lo que somos a la luz de lo que estamos llamados a ser.

IV

Podemos volver a la parábola del hijo pródigo para notar la diferencia entre un encuentro real y un encuentro solo aparente. En el encuentro real comparecen la razón y el corazón. Es la conjunción de ambos el fundamento del encuentro interpersonal. En el encuentro aparente solo aparece la razón, el hombre cargado de razón que se retira finalmente descorazonado.

El encuentro del hijo pródigo con su padre es un encuentro real. El hijo reconoce lo que es: un perdido, alguien que no merece ya ser hijo de su padre y se contenta con ser criado suyo. El padre, a su vez, reconoce en su hijo lo que es *y también* lo que está llamado a ser: el perdido encontrado cuando parecía ya perdido del todo y para siempre. El padre habla desde su corazón de padre. El hijo, desde su corazón de hijo. Ni éste ni aquel hablan de terceros ausentes. No hay distancia alguna entre las palabras de ambos y aquello de lo que hablan: hablan de sí mismos y *desde* sí mismos.

Todo lo contrario es lo que sucede en el segundo encuentro del que nos habla esta parábola: el del hijo ejemplar con su padre. Aquí no hay verdadero encuentro porque el hijo ejemplar no habla de sí mismo sino de su hermano ausente. No habla de sí mismo ni siquiera desde sí mismo, desde su corazón, desde lo que es como hijo o como ser humano. Habla desde la distancia que la razón impone a sus objetos para poder verlos y clasificarlos. Habla desde la indiferencia de quien ni siquiera se refiere a su propio hermano como hermano sino con la más fría de las expresiones posibles: "ese hijo tuyo". Por ello se retira finalmente cargado de razón pero descorazonado.

El hijo ejemplar habla solo desde lo que está llamado a ser: el preferido, el heredero por derecho propio de los bienes paternos, justamente merecedor del premio con el que Dios premia a los buenos mientras castiga a los malos. Allí donde los individuos intentan persuadir a sus semejantes acerca de su propia valía no hay encuentro posible. Desde la sola razón o la sola fe en la justicia divina no hay quien pueda salvarse. Nadie se puede salvar solo, por mucha razón o mucha fe que tenga. Sin encuentro no hay salvación para el individuo. Sin encuentro no hay, ni siquiera, individuo:

tan solo aquella apariencia de lo que cada cual cree o quiere ser, una cáscara vacía y cargada solo de razón. He aquí, pues, el inmenso peligro de ser solo personas razonables.

4. Sobre la liturgia y su sombra

La parábola del hijo pródigo nos habla de Dios como Padre. Es la parábola del padre que, con su propia mirada, busca y encuentra el corazón de su hijo, perdido entre los perdidos de este mundo. Por eso en esta mirada se abre, también para nosotros, el camino hacia un encuentro verdadero, entre tantos encuentros aparentes como se producen a diario en casa, en la calle o en el puesto de trabajo. Rara vez llegamos a encontrarnos de veras los seres humanos porque rara vez se da, en nuestras vidas, la conjunción entre razón y corazón.

Cuando se da, es un milagro que tiene lugar solo en ciertos momentos pero que da luz a todos los demás. Es el milagro que da luz y calor a una vida entera. Sin esos momentos que propicia el encuentro -no es el momento el que hace posible el encuentro sino al revés- la vida permanece vacía y oscura, angustiada por el miedo que atenaza a cada viviente. En vano se intenta saciar su tiniebla con experiencias nuevas o emociones intensas. El encuentro verdadero es imitado por muchos sucedáneos. Ninguno de ellos, sin embargo, es capaz de ocupar su lugar más de un rato, unas horas o, en el mejor de los casos, unos pocos días.

¿Es la religión capaz de dar sentido a una vida? ¿Es necesaria para dárselo? En la religión se ha dado, como creo haber sugerido ya, aquel intento de olvidar o ignorar el corazón, verdadero ser del hombre, que ha emprendido la ciencia hecha por científicos profesionales, ya no por hombres de ciencia. La religión objetivada y formulada en la celebración litúrgica, espejo nítido de la fe en aquello que el ser humano está llamado a ser, ¿no es, acaso, la expresión de un ser humano que se debate en la ambigüedad entre su corazón y su razón porque no está dispuesto a mantenerse en ella? En otras palabras, ¿es siempre la liturgia el espejo de esta ambigüedad que conlleva todo encuentro entre la razón y el corazón? ¿Tiene lugar este encuentro en la celebración litúrgica? ¿Es cada celebración, en efecto, el momento en que tiene lugar el milagro de este encuentro?

La liturgia es del cielo –"santa" para los fieles de rito latino o "divina" para los de rito oriental–, sin duda, pero es también de este mundo. En ella sale a relucir lo mejor de nosotros mismos: aquello que estamos llamados a ser con toda razón. La liturgia es luz, pero una luz que brilla dentro de este mundo. El mundo la hace posible pero también la limita. Fuera de lo que esta luz alcanza a iluminar permanece la sombra. En este mundo no hay luz sin sombra, bien sin mal por combatir, verdad sin error que corregir o falsedad que desmentir.

Por eso el creyente levanta su corazón a la Divinidad, que es luz sin sombra alguna, bien sin tacha, verdad sin error ni falsedad posible. La luz de la liturgia es *fons,* fuente de la comunión entre los fieles. Pero ¿es también *culmen,* cumbre o meta de la vida entera? He aquí la cuestión, al menos para mí. Lo mejor de nosotros mismos no es todo lo que somos. Como el padre del hijo pródigo busca a su hijo, así cada ser humano busca una luz que no deje en la sombra nada nuestro: tampoco lo que somos, que no es ni bueno ni malo del todo, es lo que hay, el corazón con el que sufre o goza cada uno a su manera.

El corazón no es objetivable, como lo son los hechos para la ciencia o, para la fe, las fórmulas, los textos y los gestos destinados a la celebración litúrgica. La ciencia lo ha descartado como objeto desde que es propiamente ciencia experimental. Olvidado y despreciado, busca su lugar en la religión, donde siempre lo ha tenido. Pero la religión, deslumbrada por la luz de la razón y la evidencia científica, busca también su propio espacio en el diálogo entre la razón y la fe. El diálogo de la razón con la fe tiende a ocultar la ambigüedad de su relación íntima con el corazón. Se ha desentendido de éste para entregarse al diálogo con más libertad: ¡engañosa libertad! La razón sin corazón es incapaz de encuentro alguno. El diálogo de la razón con la fe viene a ser, en realidad, un debate, no un diálogo. Al debate llegan los contendientes dispuestos a defender sus razones. Al diálogo, en cambio, llegamos todos, dispuestos a escuchar las razones de los demás: las propias pueden esperar, aunque sean razones de fe.

La pregunta que deja en la sombra el esplendor de una liturgia solemne, expresión de una fe objetiva que solo ante la razón se digna rendir cuentas, está en boca del hombre común. Cualquiera puede preguntarse cómo es posible que algunos -pocos o muchos, tanto da- de los fieles al culto sean *infieles a sus obligaciones con los demás* en la inculta vida profana, la que empieza o prosigue cuando el culto termina y los fieles escuchan las palabras de envío: "podéis ir en paz" ¿Qué clase de paz podemos llevarnos del templo si no hemos traído a él los anhelos y ansias de quienes no pisan la iglesia?

Entre el escándalo de unos y la excusa de otros, la pregunta del hombre común merece ser escuchada. En ella oímos un clamor que brota del corazón humano. Nadie tiene derecho a presumir de nada, sin duda. Por eso no debería perderse esta pregunta en un mar de reproches. Pero tampoco debería ser acallada en nombre de una fe rectamente celebrada. La fe sin amor es la herejía de todas las herejías. Toda herejía consiste en tomar la parte por el todo. El padre del hijo pródigo es, por cierto, el antídoto de todas las herejías, así de las fideístas como de las racionalistas. Él toma la parte por la parte, no por el todo. Ni se escandaliza de su hijo ni se apresura a excusarle. De parte a parte, de corazón y con razón, le busca y sale al encuentro.

II

La fe sin amor o la razón sin corazón: he aquí el gesto despiadado de un hombre que no se reconoce a sí mismo como ser humano -como lo que es y lo que está llamado a ser a la vez-, incapaz, pues, de reconocer a los demás como seres humanos. Lo que estamos llamados a ser tira de nosotros hacia arriba o hacia adelante. Pero, si tira demasiado, puede acabar rompiendo con lo que somos: un corazón capaz de sufrir y gozar de tantas maneras como seres humanos sostiene con vida la faz de la tierra.

Sí tira con violencia de nosotros, acabaremos olvidando lo que somos y creyendo que somos lo que estamos llamados a ser: nada más estúpido, el principio mismo de la estupidez humana. Nada más vano que una ambigüedad supuestamente despejada: creer que todo lo que somos está a la vista de cualquiera, que somos tal como nos ven los demás o nos vemos a nosotros mismos. "Por muy grande que un hombre sea, nunca debe olvidar que es simplemente un hombre", sentencia el Machado filósofo por boca de su alter ego, Juan de Mairena. Y un hombre no es nunca una sola cosa: ni únicamente lo que es ni únicamente lo que está llamado a ser.

El hijo mayor de la parábola evangélica no se reconoce como hermano del hijo pródigo porque él mismo ha roto con lo que es y se ha identificado con lo que está llamado a ser. Lo que es en apariencia, un hombre ejemplar que no ha hecho otra cosa sino trabajar al servicio de su padre, le ha hecho olvidar *quién es*, en realidad: hijo de su padre y hermano del hijo pródigo. La razón parece brillar en todo su esplendor allí donde ha roto con el corazón y lo ha dejado atrás hasta olvidarlo y despreciarlo por completo: "ese hijo tuyo que se ha gastado tus bienes con malas mujeres…". Cuanto más fría, más racional parece la razón. Cuanto más dura, más justa parece la justicia. Cuanto más cuesta, más pura parece la virtud: a menos corazón ¡más razón, más verdad y más virtud! El hombre que olvida lo que es o, mejor dicho, *quién* es se precipita al abismo de todas estas paradojas que acaban descorazonándolo, volviéndolo insensible a las necesidades de sus semejantes, que no dejan de ser también sus propias necesidades.

¡Cómo va a ser igual un hijo ejemplar que un mal ejemplo de hijo! ¿Acaso no merece aquel todo nuestro reconocimiento y éste toda nuestra repulsa? ¿Desde cuándo ha gozado el vicio de la estima que merece la virtud? Es fácil de suponer que preguntas como éstas debieron de rondar por la cabeza del buen hijo. La cabeza del que tiene razón y lo sabe da muchas vueltas en defensa de la razón cada vez que alguien se resiste a dársela. En este caso, no es que el padre se resista a dársela. Sabe que su hijo la tiene de sobra. Pero el que tiene razón no lo tiene todo en la vida si no tiene corazón. Es corazón, y no razón, lo que al buen hijo le falta. Por eso se retira descorazonado y no acude a la gran fiesta que su padre ha organizado para sus dos hijos con la alegría de recibir a uno de ellos, el que vuelve a casa avergonzado de su mala vida.

III

El hijo ejemplar ha olvidado lo que es -o quién es-, incapaz de reconocerse a sí mismo como simple ser humano y a su propio hermano como tal, porque ignora el sentido de aquella vocación en virtud de la cual cada ser humano está llamado a ser sí mismo. Lo que un ser humano está llamado a ser no es lo que debe ser y hacer. En la vocación no hay obligación: hay atracción.

Los deberes, como los derechos, son los mismos para todos. A cada cual, en cambio, le atrae una cosa distinta o la misma, tal vez, pero de una manera diferente: por eso cada cual es cada uno, único entre todos los demás. La vocación es la voz del que atrae, no la palabra del que manda. Vocación viene de voz: esto ya sugiere que es más que una voz. No es una voz cualquiera. La voz del que manda es, en cambio, una voz cualquiera. Por eso a tantos les gusta mandar, porque saben que solo necesitan levantar la voz o el tono de su discurso con palabras capaces de inquietar a sus oyentes: ¡es tan fácil mandar como difícil hacerlo bien! El que necesita levantar la voz o el tono de sus palabras carece de autoridad. Los oyentes podrán acatar sus mandatos, no escucharlos. Donde hay temor no hay respeto. Donde hay miedo no hay libertad. Y, si no hay libertad, tampoco la posibilidad de cumplir con deber alguno.

El hijo ejemplar entiende su propia vida como la de quien ha cumplido con su deber y la de su hermano como la de quien no lo ha hecho: "en tanto tiempo como hace que te sirvo sin saltarme ni una sola orden tuya…". Mientras él cumplía con el deber de servir a su padre, su hermano se entregaba a la crápula. La cuestión aquí es que servir no es obligación sino vocación. El hijo ejemplar confunde una cosa con la otra, ignorando el sentido de lo que él mismo está llamado a ser como ser humano.

Él se ve a sí mismo *desde sí mismo* -desde sus razones para creer que él es lo que debe ser- y no desde el corazón de su padre. Desde uno mismo lo que vemos todos de inmediato es lo que tenemos que hacer: la vida como tarea, impuesta por la necesidad o a la conciencia de cada uno. Por eso la sensación que tenemos tantas veces a lo largo de una jornada es que no llegamos: nos falta tiempo para cumplir con nuestras obligaciones como nos gustaría. Nos harían falta días de más de veinticuatro horas para hacer lo que quisiéramos o debiéramos. Allí donde hay deber hay ansiedad. Donde hay siempre algo que hacer la vida se reduce a tiempo, a algo que medir o calcular para poder cumplir las tareas planeadas o sobrevenidas. Ahora bien, allí donde el tiempo es oro, ¿qué es la vida, entonces? La vida, una vez reducida a tiempo que medir o a tarea que cumplir, cae en aquel olvido que soporta el corazón entre nosotros.

La vocación no es obligación sino invitación. No cansa, descansa. El padre organiza una gran fiesta para sus dos hijos: tanto para el ejemplar como para el que no lo es. Pero el primero no acude. No entiende la invitación de su padre, la llamada o vocación que esta invitación expresa: por eso no responde a ella. Él solo responde a la voz del que manda cumplir con los deberes propios de su condición, hijo al servicio de su padre en la hacienda familiar. Como la de su padre no es voz de mando, no la escucha. El que parecía más cerca de lo que estaba llamado a ser acaba lejos de su vocación. El que parecía, sin embargo, más lejos de ella termina cerca porque ha respondido a la invitación de su padre, a su llamada a cesar en el desempeño de sus propias obligaciones para celebrar una fiesta. Vocación es atracción, no obligación. Cada cual la siente a su manera. Por eso cada cual es cada uno, único entre todos los demás.

5. Sobre el sí y el no

La negativa del hijo ejemplar a acudir a la fiesta organizada por su padre para celebrar la vuelta de su otro hijo es una negativa muy amarga. Ahora que el padre ha recuperado a su hijo pródigo porque "estaba muerto y ha vuelto a la vida", su otro hijo, el que había permanecido siempre a su lado y a su servicio, se niega a celebrar el retorno de su propio hermano. Es tan amarga esta negativa como el reproche que el hijo ejemplar dirige veladamente a su padre refiriéndose a su propio hermano no ya como hermano sino como "ese hijo tuyo...".

Es, pues, el momento de abordar el problema del sí y del no. Hay aquí un problema porque decir que no parece más necesario y valiente, en muchas ocasiones, que decir que sí. En nuestra cultura posmoderna ha calado con fuerza el mensaje de que es necesario aprender a decir que no. Este mensaje, que ha prendido como la yesca entre las hojas secas y movidas por el viento de una cultura que ha puesto la psicología en el centro de los saberes aplicados a la salud y al bienestar emocional de las personas, se apoya en un supuesto falso, raíz del problema tal como yo lo veo: la aparente simetría entre la afirmación y la negación, el decir que sí y el decir que no.

Es la simetría que subyace a toda alternativa entre dos opciones disponibles sobre un mismo plano: el sí o el no, el blanco o el negro, el norte o el sur, el cielo o la tierra. Uno tiene que optar por esto o por aquello. La opción no es fácil porque se supone que una de ellas es más probable que la otra: es más probable optar por aquello que a uno le resulta cómodo o menos incomodo. La otra opción, disponible sobre el mismo plano que la probable, resulta, por ello, improbable. Decir que no parece, a todas luces, más difícil o menos cómodo que decir que sí.

Pero entre el sí y el no difícilmente puede haber simetría porque no son alternativas sobre un mismo plano. No hay disyuntiva entre el sí y el no. Toda afirmación presupone alguna negación. Todo compromiso conlleva alguna renuncia. Por eso, más que en disyunción, el sí y el no están realmente en coordinación. En lugar de sí o no hay que pensar en términos de sí *y* no. Ambos van necesariamente unidos. Pero no sobre un mismo plano, como si fueran los dos extremos de una relación simétrica, sino en planos diferentes y superpuestos. Primero, siempre en un plano superior, aquello que se afirma. Y, en segundo plano o en un plano inferior, aquello que toda afirmación conlleva: la renuncia o resistencia, esto es, la negativa.

Podría suponerse que, en realidad, el no debe aparecer en un segundo plano porque debe quedar subordinado al sí. Entre el sí y él no habría, pues, una relación de subordinación - del segundo al primero- y no de coordinación. Pero yo sigo pensando que la coordinación es la manera más adecuada de formular la relación entre el sí y el no. Aquello a lo que renunciamos o nos oponemos por decir que sí a algo o a alguien pugna siempre por subir del segundo plano al primero. No se resigna fácilmente a una posición subordinada. Por eso, después de un compromiso afirmativo y gozoso, suelen aparecer en el horizonte los nubarrones de la inquietud -¿de la tentación, quizá?-, a través de los cuales se hace presente, en primerísimo plano, todo aquello a lo que hemos renunciado o nos hemos opuesto por decir que sí.

En la parábola del hijo pródigo la negativa del hijo ejemplar aparece en primer plano, sin duda. Es una negativa explícita. El problema de las negativas explícitas es que ocupan un lugar que no les corresponde: el primer plano. Usurpan el puesto reservado a las afirmaciones. Y, al usurparlo, más que desplazar las afirmaciones al segundo plano, podríamos decir que las arrojan a las tinieblas: todos los usurpadores, llegados al poder, se preocupan de afianzarse en él anulando a sus rivales. La negativa del hijo pródigo no conlleva ninguna afirmación implícita ¿A qué o a quién está diciendo que sí el hijo ejemplar mientras dice que no a su propio padre? A nada. A nadie.

A este respecto podría uno argüir que el hijo ejemplar está afirmando simplemente su propia posición, su propia valía, frente a quien, como es el caso de su hermano, la ha perdido del todo con su comportamiento irresponsable. Pero la autoafirmación no es verdadera afirmación porque no incluye renuncia o resistencia alguna en particular. La autoafirmación viene a ser, en realidad, una pura y simple negación de todo menos de uno mismo. Frente a todo lo demás uno se afirma negándolo. A nada renuncia ni se resiste porque nada afirma de una manera concreta y positiva.

La autoafirmación es un gesto común entre quienes dan culto a la libertad sobre todas las cosas y la entienden, por ello, en sentido negativo, como liberación o emancipación. Viven, pues, bajo el signo de una "existencia negativa", en palabras de María Zambrano. No necesitan aprender a decir que no porque, para ellos, decir que no es un gesto común, esto es, un hábito. "No es posible no ser feminista"", se oye decir fácilmente en nuestros días entre las voces autorizadas por los grandes medios de comunicación para decir lo que piensan. Pero, si no es posible ser otra cosa más que feminista -o ecologista o demócrata o cualquiera otra de las cosas que hoy representan valores compartidos- ¿qué será, entonces, de nuestra libertad el día en que todos seamos -en mayor o menor medida, por supuesto- eso que no podemos dejar de ser? ¿Para qué necesitaremos la libertad el día en que ya no tengamos que luchar con tanto denuedo por ninguna liberación, por ningún "no"?

Ese día está más cerca de lo que pensamos, tal vez. Suenan, cada vez más numerosas y respetadas, las voces de quienes sostienen que la libertad no existe. Es una conclusión a la que han llegado ya algunos de los más expertos en el estudio del cerebro humano. Si la libertad no existe, ¿cómo podremos satisfacer, entonces, nuestra necesidad natural de sentirnos libres, esto es, liberados de todo aquello que nos hace sentirnos cosas y no personas? Si la libertad no existe, la tiranía, entonces, tampoco. La democracia, sin libertad, acabaría cerrando un breve capítulo en la historia de la civilización humana. O seguiría siendo necesaria pero ya no como realidad sino como ilusión, porque todos necesitamos ilusionarnos con algo o con alguien en la vida: de ilusión "también se vive", solemos decir.

Pero la libertad no tiene solo un sentido negativo. Es más que una sensación de libertad, la que experimenta cualquier ser humano al dejar de sentirse cosa, objeto de placer o dominio en manos de otros seres humanos. No se puede no ser feminista, por supuesto. La pregunta que cabe dirigir a cualquier "ismo", no obstante, es la misma que nos acabamos de hacer acerca del hijo ejemplar: ¿a quién le está diciendo que sí mientras le dice que no a su propio padre? La autoafirmación es la cárcel en la que se encierra una libertad entendida en sentido estrictamente negativo.

Por eso, aprender a decir que no es, en realidad, aprender a decir que sí. Decir que no casi por costumbre acaba encerrando a las personas en cárceles unipersonales, en mundos paralelos que jamás se podrán cruzar. "Cada persona es un mundo" o "cada uno vive en su mundo": he aquí frases que bien pueden servir de expresión al malestar emocional de nuestro tiempo. Mucho más saludable sería pensar que cada persona es como una ventana desde la que mirar el mundo: un sí a los demás, una manera de afirmarlos afirmándose entre ellos y para ellos.

La negativa del hijo ejemplar a su propio padre nos parece tan amarga que nos resulta patética. El hijo ejemplar nos resulta ejemplarmente patético porque la suya es una negativa en solitario. La fiesta está preparada y solo falta él. Pero él decide no acudir a ella, ser acaso el único en no hacerlo. El hijo ejemplar prefiere quedar solo a estar en la fiesta. He aquí lo que nos resulta patético en él: su soledad voluntaria. Nadie elige la soledad en condiciones normales. "No es bueno que el hombre esté solo...".

Hay una autoafirmación que resulta patética y otra que no. Cuando alguien decide aislarse en su propio nombre, como el hijo ejemplar de la parábola, resulta patético. Pero cuando no lo hace en su propio nombre sino en nombre de algo más grande que él, en nombre de algo -o de alguien- capaz de ofrecerle una identidad, entonces la cosa cambia. Ya no se queda nadie solo. El individuo que se reconoce a sí mismo en su pertenencia a una entidad colectiva, a una totalidad de la que forma parte, se siente menos solo. Al afirmar su pertenencia se autoafirma, no ya de una manera espontánea como el hijo ejemplar de la parábola, sino de una manera indirecta, como miembro o parte de algo más grande que él.

La cuestión se desplaza, entonces, de lugar. Ya no se trata de un individuo que decide aislarse por su propia cuenta y riesgo. Se trata de una entidad que decide cómo relacionarse con las demás. O de alguien que, al integrarse en ella como miembro suyo, se desintegra, en cierto modo, a sí mismo, reduciendo o regulando su relación con todos los que no pertenecen a su círculo. La cuestión se desplaza de lugar pero no, por ello, pierde su vigencia. Lo que pasa es que ahora se ha vuelto más compleja. La autoafirmación se ha vuelto indirecta. La respuesta negativa del hijo ejemplar a la invitación de su padre pasa, ahora, por una afirmación paradójica: la de quien afirma pertenecer a algo capaz de ofrecerle una identidad y un sentido, pues, para su vida.

Tener una identidad significa ser algo y, por tanto, decir que sí a algo. Es poner la afirmación en el primer plano, que es el que le corresponde. Pero el ser humano es *alguien antes que algo*. Para poder ser algo necesita ser alguien primero. Y ser alguien significa ser y no ser a la vez: ser lo que somos y lo que estamos llamados a ser. Somos lo que somos: un corazón capaz de gozar y sufrir, ante todo. Pero somos también lo que estamos llamados a ser: alguien con una razón para sufrir menos o para gozar más.

Siendo algo, perteneciendo a algo más grande que uno mismo como simple individuo, tiene uno algo a lo que decir que sí, sí absolutamente. El problema es que todo sí absoluto conlleva un no absoluto. La fe en la democracia y en sus instituciones, por ejemplo, conlleva el rechazo de toda otra forma de gobierno no democrática. La fe en Dios hace del que la profesa un creyente y de cuantos no la comparten, incrédulos. O se cree en la democracia o no se cree en ella. O se es creyente o se es incrédulo. O lo uno o lo otro.

No se trata, pues, de un sí y un no coordinados: sí en primer plano, no en segundo plano. El sí a algo más grande que uno mismo es absoluto. Es el sí de la autoafirmación: siendo algo soy yo. Pero ya no soy yo mismo, no soy alguien. Soy un yo sin corazón: afirmación absoluta de aquello por lo que espero sufrir un poco menos y gozar un poco más. Soy un yo que ha pagado un precio demasiado alto por ser lo que soy: mi propio corazón, mi ser más real, siempre en tensión con el que estoy llamado a ser y tira de mí hacia arriba o hacia adelante porque me ofrece una razón capaz de iluminar y sostener mi vida.

Las instituciones se debaten siempre entre los cuernos del mismo dilema: hacia atrás o hacia adelante. Necesitan alejarse de los pobres seres humanos para poder presentarse así como algo más grande que la suma de todos sus miembros, aquello que están llamados a ser, aquello gracias a lo cual son algo. Pero, al alejarse, acaban rompiendo con lo que es cada uno como simple individuo, como pobre ser humano. Acaban rompiendo con el corazón. Por eso, las instituciones, después de alejarse de las personas, necesitan acercarse, de nuevo, a ellas. Las instituciones necesitan corazón y rostro humano.

Pero, cuando ya están cerca, cuando han hecho ya el esfuerzo de avanzar con los tiempos y las gentes de su tiempo, dan marcha atrás. Demasiado cerca, las instituciones temen perder su prestigio, su halo de sacralidad, aquello que las hace superiores a la totalidad de sus miembros reales o posibles. Acercarse para volver a alejarse, alejarse para volver a acercarse: el dilema sella el destino de las entidades capaces de ofrecer una identidad a los seres humanos, de hacerles sentir que son algo sin dejarles patéticamente abandonados a sí mismos como el hijo ejemplar de la parábola evangélica, que se negó a aceptar la invitación a la fiesta organizada por su padre en honor de su otro hijo.

Si aquello que estamos llamados a ser no es, sin más, nuestro deber, como cree el hijo ejemplar de la parábola, ¿será, entonces, nuestra aspiración, esto es, habrá de coincidir con lo que *nos sentimos* llamados a ser? Si la llamada del deber no es la llamada de la vocación, ¿lo será, entonces, la llama del deseo? En el hijo pródigo parece haber prendido esta llama. Dejándolo todo, se va a un país lejano. La llama del deseo, a diferencia de la llamada del deber, mueve a decir que sí y no, a la vez. El sí, en primer plano. El no, en el segundo plano que le corresponde. El deseo no afirma ni, por tanto, niega nada absolutamente. Está abierto a todo: todo le atrae en aquello que desea. El deseo viene a ser indeterminado: "se fue a un país lejano..." ¿Cuál era ese país? No lo sabemos. Acaso el hijo pródigo tampoco lo sabía cuando se puso en camino hacia él. Pero se fue.

El deseo es cuestión de intensidad más que de objeto: más de cómo y menos de qué. Se desea intensamente algo o a alguien antes incluso de conocerlo. Se desea conocerlo, por supuesto, pero no tanto para conocerlo mejor como para desearlo más. El querer, en cambio, pone el objeto ante sus ojos. Por eso el querer y el conocer son indisociables. Nadie puede querer lo que no conoce ni dejar de saber lo que no quiere. Uno sabe lo que quiere y, sobre todo, lo que no quiere. A quien arde en deseos le suele pasar, en cambio, que acaba no sabiendo lo que quiere. Uno puede desear algo o a alguien que, en realidad, no puede querer porque ni siquiera ha empezado a conocerlo.

Lo deseado queda, pues, descartado como aquello que estamos llamados a ser. La parábola del hijo pródigo nos cuenta la desventura de un joven perdido en el laberinto de sus propios deseos. Aspira a otra vida pero lo que encuentra son *otras* vidas: las vidas de las mujeres entre las que acaba gastando su dinero y quedando sin nada y sin nadie. De dos maneras marca el deseo la vida del que no sabe lo que quiere: rompiéndola y tratando de no perder lo que de ella pueda quedar.

Lo primero es la vida rota. El pródigo rompe con una vida segura en la casa paterna. Rompe con la clase de vida que el padre de la parábola resume en aquellas palabras dirigidas por él mismo a su hijo ejemplar: "todo lo mío es tuyo". El pródigo no quiere seguir compartiendo su vida. Quiere hacer o vivir *su* vida, una vida que cree propia por no ser ya compartida con nadie. Parece, en efecto, que lo propio, lo personal, es incomunicable. Pero lo cierto es que, cuanto más suyo es un ser humano, esto es, cuanto menos sometido está al dictado de algún poder impersonal, tanto más necesita comunicarse con los demás. Cuanto más rico es como persona, más necesita compartir su riqueza. Con la riqueza interior de una persona sucede exactamente lo contrario de lo que vemos acaecer, a menudo, entre los individuos encumbrados por su éxito social: que, cuanto más tienen, menos comparten.

Lo segundo, tras la vida rota, es no perder lo que de ella queda. El pródigo, cuando vuelve a casa, no vuelve entero. Vuelve roto o, peor aun, hecho trizas. Siente que ha perdido hasta su propia dignidad como hijo: "ya no merezco llamarme hijo tuyo...", le dice a su padre. Su regreso, pues, no tiene nada que ver con su partida. Si partió con la decisión de hacer su vida, vuelve ahora sin decisión alguna, empujado por la pura necesidad de quien no tiene literalmente dónde caerse muerto. Ya no se siente digno de ser hijo de su padre. Le basta con ser uno más de sus jornaleros. En la casa de su padre los jornaleros viven mejor que él mientras se ve lejos de ella.

El hijo que, tras recibir en vida de su padre la parte de la herencia que le correspondía, había salido de casa hacia un país lejano, había renunciado, de este modo, a su condición de hijo. Lo que se sentía llamado a ser había tirado tanto de él que acabó rompiendo con el ser humano que realmente era. Sus aspiraciones o deseos sin término definido -como un país lejano- rompieron con su corazón y arruinaron su vida. Su regreso ya no podía ser, pues, el del hijo. Ya no podía disponer de aquello mismo a lo que había renunciado: su dignidad de hijo. Ya no era más que un ser desvalido, empujado por la necesidad de amparo y de sustento. En el fondo, no muy diferente de aquellos cerdos que, al quedar sumido en la miseria, se vio forzado a atender como porquerizo: "deseaba llenar su vientre con las algarrobas que comían los cerdos..."

El hombre que se aleja de lo que es por deseo de lo que se siente llamado a ser acaba uniendo su destino al de quien, tomando exactamente el camino inverso, renuncia a sus deseos para ser lo que piensa que debe ser. El hijo ejemplar y el que no es ejemplo de nada tienen mucho en común: que no se sienten hijos de su padre. Sin corazón, la razón y el sentido del deber llevan al ser humano al mismo sitio que el corazón perdido en el laberinto de sus propios deseos: lejos del padre. Ni podemos dejar de ser lo que somos en nombre de aquello que estamos llamados a ser ni podemos dejar de ser lo que estamos llamados a ser en provecho de lo que somos.

Supongamos que el hijo pródigo sabía de sobra en qué iba a invertir su parte en la herencia paterna. Supongamos que sabía también a dónde quería llegar cuando, según el narrador de la parábola, se fue de casa "hacia un país lejano". Supongamos, pues, que el deseo le movía atrayéndole hacia ese país mientras él quería llegar allí de una manera consciente y deliberada. Cuando el deseo y la voluntad convergen, de lo que estamos hablando es de vocación. En toda vocación se dan unidos el deseo y la voluntad. Con la fuerza del primero uno se siente atraído, "llamado". Y, con una voluntad libre, puede responder a la llamada.

Después de todo, no tenemos razones para no darlas por supuesto en la mente del hijo pródigo. El narrador de la parábola parece interesado en contarnos su historia desde el punto de vista del padre de familia o, quizá, del hijo ejemplar: ambos ven al pródigo malgastar sus bienes y su vida lejos del hogar. Ambos no son, en realidad, más que meros espectadores de su aventura y de su desventura. Ninguno de los dos sabe a dónde se dirige cuando se va de casa. Por eso nos falta ponernos en su lugar y suponer sus razones, que las habrá tenido como cualquiera. Nadie toma una decisión como la suya por mero capricho. Tenía que haber deseo y voluntad, llamada y respuesta, necesidad y libertad, para dejar atrás una vida y emprender otra.

La vocación brota de esa doble fuente en la que bebe: deseo y voluntad. O, en los términos que vienen inspirando estas páginas, corazón y razón: lo que somos y lo que estamos llamados a ser. No hay manera de saber lo que somos sin dar respuesta a lo que estamos llamados a ser. Ni hay manera de dar respuesta a esta llamada sin un cierto saber de lo que somos: seres humanos con un corazón de carne y no de piedra. Para saber a dónde queremos llegar necesitamos recordar de dónde venimos. Pero, para recordar de dónde venimos, necesitamos ir hacia alguna parte, esto es, saber, de algún modo, a dónde queremos llegar. La meta ilumina el punto de partida. Y el punto de partida ilumina, a su vez, la meta.

La vocación parece dejarnos, pues, en el interior de un laberinto: ni sabemos del todo lo que somos ni tampoco lo que estamos llamados a ser.

Para salir del laberinto tenemos que entrar primero en él. Para llegar al corazón tenemos que pasar, como quien da un rodeo, por el juicio de la razón práctica: la del hijo prodigo para marcharse de casa o la del ejemplar para quedarse en ella. Para atender a razones tenemos que escuchar la voz del corazón: el del prodigo, que atiende a sus deseos, o el del ejemplar, que los desatiende para cumplir con su deber.

El laberinto cuenta, no obstante, con una puerta falsa. Uno sale por la puerta falsa de este laberinto en que la vocación parece dejarnos a todos los seres humanos -todos somos, en alguna medida, el hijo pródigo o el hijo ejemplar- invocando la vocación como pura y simple llamada, ajena por completo a la voluntad de quien la recibe. Uno no quiere lo que, en su corazón, desea. Lo único que se permite querer es responder a la llamada recibida. Absolutamente nada más. Pero esto es una salida en falso del laberinto. Es la ley del embudo, en un caso de aplicación práctica.

San Agustín se da perfecta cuenta de ello. Al principio de sus célebres Confesiones, escribe aquello de que in-vocar es "llamar hacia uno mismo". Ahora bien, dentro de uno mismo, ¿qué lugar habrá lo suficientemente vasto como para que pueda alojarse allí la Inmensidad divina, es decir, aquello que es más grande que nosotros y nos llama? Responder, sin más, a una llamada de esta naturaleza, ¿no es, acaso, empequeñecer, cosificar, al que así llama? Como el embudo, es pretender que el Inabarcable quepa en ese lugar infinitamente reducido que el ser humano puede ofrecerle. Es pretender que sea lo que no puede ser: abarcable, como una cosa o recurso a nuestra entera disposición. Nada tiene de particular, por ello, que la vocación acabe siendo objeto de una decisión humana, la de quienes, en nombre del que llama, deciden quién tiene vocación y quién no la tiene. Pocas expresiones me parecen tan cosificadoras como la de "tener vocación".

Me parece necesario, por ello, repensar la vocación. Repensar la vocación es pensarla al revés: no tanto desde el o lo que nos "llama", atrayéndonos con los lazos del deseo, como, sobre todo, desde nosotros mismos, que no solo queremos responder a esa llamada. También queremos lo que deseamos. Queremos ser lo que nos sentimos llamados a ser. Y lo queremos porque lo conocemos. O, más bien, porque lo re-conocemos.

Nos reconocemos a nosotros mismos en aquello o aquel que nos llama. Reconocemos nuestro verdadero ser en aquello que estamos llamados a ser. Y es que la llamada es *transparente*: nos vemos a través de ella tal como somos. No podemos confundir lo que estamos llamados a ser con lo que *nos podamos sentir* llamados a ser ni, menos aun, con lo que otros decidan acerca de nosotros, usurpando el nombre del único o lo único que tiene poder para llamar a cada uno por su propio nombre. La vocación es más que un sentimiento o deseo y más que el fruto de un discernimiento intelectual. La vocación consiste en estar donde hay que estar: donde se transparenta, sin pasión ni esfuerzo alguno, nuestro verdadero ser, lo que somos.

II

No hay manera de salir del laberinto donde el desear y el querer nos han atrapado *si alguien no nos saca de él.* Sentirnos llamados o atraídos con la fuerza de un deseo desconocido y querer responder a la llamada no nos saca del laberinto. Uno puede sentirse llamado por algo o alguien que le va empujando al abismo mientras él responde confiado a su llamada. Uno puede perderse a sí mismo -su verdadero ser, su corazón- mientras cree ganar el mundo entero: "De qué le sirve al hombre ganar el mundo entero si pierde su alma...". Puede salir a comerse el mundo y acabar comido por él. Uno puede querer lo que desea creyendo conocerlo pero estar profundamente equivocado acerca de eso mismo que cree conocer. La suerte del hijo pródigo "en un país lejano" refleja el infortunio de cuantos podemos vivir atrapados en el interior de un laberinto.

Pero no veamos solo al pródigo perdido en su laberinto. El pródigo "estaba perdido y lo hemos encontrado", asegura su propio padre. El pródigo ha encontrado la salida del laberinto porque su propio padre le ha visto venir de lejos y ha salido corriendo a su encuentro. En cambio, ¿qué diremos del hijo ejemplar? También su padre acude a él para persuadirle de que se una a la fiesta preparada en honor de su hermano. Pero él se niega. Se queda dentro del laberinto, atrapado entre sus deseos sacrificados y sus razones para permanecer en el hogar mientras su hermano anda perdido por el ancho mundo. Es muy paradójico el solo pensamiento de un hijo ejemplar y perdido a la vez.

El hijo ejemplar no solo es un ejemplo de servicio a su padre. Lo es también de rechazo a su invitación cuando llega la hora de celebrar el regreso de su hermano. El hijo ejemplar lo es, pues, en dos sentidos opuestos: en su afirmación y en su negación. Se queda en casa mientras su hermano se marcha de ella. Pero se queda fuera de casa -se niega a entrar en ella- cuando su hermano regresa. El sí y el no alternan, para él, como dos opciones sobre un mismo plano: primero sí, luego no. Allí donde la negación tiene tanto valor como la afirmación- o se alza sobre el mismo plano que ésta-, se acaba erigiendo en valor absoluto: ya no es la consecuencia necesaria de afirmación alguna.

El hijo ejemplar, por su negativa absoluta a entrar en casa cuando su hermano regresa, es el ejemplo de que no es lo mismo sentirse llamado que serlo. Siendo llamado por su padre, no se siente llamado a responderle de una manera positiva. Y, como no se siente llamado, por más que es su propio padre quien le llama, se queda fuera de casa. El que había permanecido toda su vida dentro de ella se queda fuera en el momento decisivo, que es el momento de la llamada. El hijo pródigo, en cambio, que sintiera la llamada a salir de casa y a ponerse en camino hacia un país lejano, escucha la llamada de su padre. No la siente dentro de sí: la escucha fuera. Es llamado sin sentirse llamado. Lo que se siente es avergonzado e indigno de ser llamado hijo de su padre.

Entre el ser llamado y el sentirse llamado cabe observar, acaso, una diferencia análoga a la que propone Nietzsche entre el sentirse libre y el serlo de veras. Sentirse libre está al alcance de quien no siente sus cadenas por haberse acostumbrado a ellas. Sentirse libre es "no sentir nuevas cadenas" ¿Será, pues, la libertad nada más que un hábito? Si lo es, sentirse llamado será entonces sentirse capaz de acomodarse a nuevos hábitos desacomodándose de los anteriores. Es una disposición a cambiar de costumbres y, con ello, de manera de vivir. Y nadie cambia en su manera de vivir si está satisfecho con la suya. Nadie cambia de vida sin la expectativa de mejorarla.

Pero sentirse libre, cómodo con otros hábitos y otra manera de vivir, no significa más que lo que significa. La sensación de libertad no es la libertad. Es una sensación que acompaña a la libertad tanto más intensamente cuanto menos libertad se tiene de hecho. Cuando más libres nos sentimos los seres humanos es acaso cuando sentimos menos cadenas nuevas que romper. Nos hemos acostumbrado a las que venimos arrastrando desde tiempo atrás y ya no las sentimos. Nos sentimos libres, seguros y felices. Pero no lo somos. Los maestros de la propaganda lo saben: saben cómo hacernos sentir libres y felices mientras nos van encadenando poco a poco.

La libertad aparece en el horizonte cuando menos la sentimos. La libertad aparece, ante nosotros, en forma de llamada a la que podemos responder afirmativa o negativamente. Ni el hijo pródigo ni el ejemplar se sienten movidos a hacer lo que les propone su padre: celebrar una fiesta de familia. Ninguno de los dos se siente hijo. Ni uno ni otro se sienten libres para responder a la llamada de su padre: el ejemplar se siente encadenado por la indignación; el pródigo, a su vez, por la necesidad y la vergüenza. Si el primero se indigna por no haber podido disponer siquiera de un cabrito para festejar con sus amigos "en tantos años como venía sirviendo a su padre", el segundo se avergüenza de haber despilfarrado sus bienes y verse forzado por la necesidad a volver a casa. Se contenta con engrosar la recua de los jornaleros en la hacienda paterna.

Mientras cada uno de ellos vivía como quería -el pródigo- o como debía -el ejemplar-, no había cadenas nuevas que les impidiesen sentirse cómodos con sus hábitos y manera de vivir. Pero, cuando uno de ellos rompió este equilibrio precario en que la vida consiste, quiero decir, cuando el pródigo acabó con todos sus bienes y se quedó sin nada y sin nadie, entonces aparecieron nuevas cadenas. Y fueron éstas las que dejaron al descubierto la aparente libertad de la que ambos hermanos venían disfrutando. Se sentían libres solo porque se sentían cómodos. Vista su situación con los ojos del hombre moderno, podían hacer "lo que les daba la gana".

El hombre moderno no concibe de otro modo la libertad sino como poder hacer lo que le apetece, poder sentirse libre. Pero ésta es una idea muy vaga de la libertad. No tiene un contenido claro. Es solo poder en el sentido de mera capacidad o posibilidad. Y esta posibilidad indefinida, abierta a todo y a todos, es la libertad del esclavo recién emancipado. Sin cadenas, o sin sentirlas, el esclavo siente que puede hacer cualquier cosa. No depende ya de su amo. No depende de nadie. Sentir que no depende uno de nadie no significa ser independiente, observa Nietzsche. Sentirse libre no es lo mismo que serlo de veras. Sentirse llamado no es lo mismo que serlo de verdad.

Más acá de cuanto podamos desear o querer, más acá de todo aquello que pueda atraernos con la fuerza de una llamada apremiante, más acá de nuestro corazón -lugar donde resuena toda voz con la intensidad de una pasión o la claridad de una vocación-, podemos escuchar la palabra del que nos llama a ser lo que estamos llamados a ser: nosotros mismos.

No nos llama a ser lo que aún no somos y podemos ser, si queremos. No nos llama a una vocación particular ni a una aventura extraordinaria bajo el yugo de la pasión. Nos llama tan solo a ser lo que ya somos, lo que somos sin más. Llama a la puerta de nuestro corazón no para sacarnos de él por la fuerza de razones superiores sino para dejarnos donde estamos, para dejarnos ser lo que somos: pobres seres humanos que sufren y gozan de tantas maneras como individuos de su especie se alzan en pie sobre la faz de la tierra.

La parábola del hijo pródigo es la palabra del padre que llama a sus hijos y, con ellos, nos llama también a nosotros: unos estamos, acaso, más cerca del hijo pródigo; otros, del ejemplar. Todos somos hijos de algún padre, sea como fuere nuestra manera de proceder en la vida: ya como quien se mueve por el deseo o como quien se esmera en cumplir cada día con su obligación. Todos somos oyentes de una palabra que no suena dentro de nosotros, como la llamada de la vocación, la voz del deber o la llama del deseo.

La palabra del padre, su invitación a la fiesta, es universal y particular a la vez. Se dirige a todos y a cada uno. Se dirige a todos haciéndose efectiva para cada uno. Por eso no es una vocación. La vocación es siempre particular: pone a cada individuo al servicio de una misión universal, pero desde una respuesta enteramente personal. Y no es tampoco deseo o aspiración: por su propia naturaleza, el deseo es siempre particular, hasta el punto de que, a diferencia de la vocación, puede no servir a una misión universal sino servirse de ella en provecho propio. Así tantos que dicen ser lo contrario de lo que son...

La llamada del padre no es el gesto característico de quien se acerca a sus oyentes para, luego, alejarse de ellos. Su voz no desciende hasta nosotros desde lo alto. "Todo lo que está arriba ilumina...", leemos en un verso de Antonio Colinas. Lo más grande que nosotros necesita acercarse a nosotros para que lo podamos comprender y aceptar. Pero, una vez cerca, lo más grande que nosotros vuelve a alejarse de nuestro lado para no caer en nuestras manos y tornarse banal, como un objeto o una palabra disponibles a nuestro uso y abuso.

El padre de la parábola no baja del cielo para acercarse a sus hijos. Está siempre a su lado: "tú estás siempre conmigo", le recuerda a su hijo ejemplar. Por eso, escuchar su llamada es dejar de padecer la paradoja a la que nos somete todo aquello que nos sentimos llamados a ser en la vida: cuando nos sentimos cerca de la felicidad, es entonces cuando se empieza a alejar de nosotros; cuanto más la buscamos menos la encontramos; cuando creemos poder conservarla -o creemos haber descubierto su fórmula secreta- es cuando se nos esfuma en un abrir y cerrar de ojos. Nada más ridículo que cualquiera de los psicólogos autorizados por los medios de comunicación para divulgar sus fórmulas magistrales de la felicidad completa.

III

La invitación del padre pone en cuestión el prestigio de la idea misma de felicidad. Si la felicidad no está del todo en nuestras manos, si no depende solo de nuestra respuesta a una vocación ni de nuestra entrega a un deseo capaz de romper el necesario y, no obstante, precario equilibrio entre el corazón y la razón, lo que somos y lo que estamos llamados a ser, entonces ¿para qué hacer otra cosa sino lo que un padre pide a sus hijos? Los hijos ya han hecho lo que han podido por alcanzar la felicidad. Uno, por la vía del deseo. El otro, por la del deber. Sobre ambos ha brillado el prestigio de la felicidad, que nos sugiere a todos lo mismo: "si haces esto...te irá bien en la vida". Uno ha hecho lo que deseaba. El otro, lo que debía. Pero ni uno ni otro han alcanzado su meta en la vida: aquel vuelve avergonzado al punto de partida; éste da rienda suelta a su resentimiento.

¿Significa esto que la felicidad es sencillamente imposible? ¿Que su prestigio es absolutamente infundado, vano brillo y mortal señuelo? De ningún modo. La felicidad es un "imposible necesario", como ha dejado escrito Julián Marías. La felicidad es la paradoja a la que nos somete inevitablemente nuestro propio corazón: en él oímos llamadas, en él se encienden deseos, en él arden pasiones. Y todas las llamadas, deseos y pasiones nos prometen lo mismo: la felicidad alcanzada y merecida como recompensa a nuestra entrega y sacrificio. Prometen lo que no pueden dar pero el corazón humano es así: lo mueven promesas claras y veraces pero mucho más otras que no son tan claras ni dignas de crédito.

No es que sean falsas. Es que son, en realidad, de imposible cumplimiento. Pero son necesarias porque nos mueven, más aún que las promesas veraces, y, aunque no nos dejan en el puerto de la felicidad, nos dejan, al menos, en un lugar muy diferente de aquel que dejamos atrás al ponernos en camino. El hijo pródigo no es el mismo al salir de casa que al volver a ella. Ni el ejemplar lo es tampoco al ver partir a su hermano que al verle regresar.

La voz que oye en su interior el que se siente llamado o el deseo que arde como una llama en su corazón le mueve a salir de sí en busca de razones capaces de explicar lo que siente. El problema es que las razones sirven no solo para explicar lo que sentimos sino también lo que no sentimos. La razón tiende a tirar tanto del corazón que puede acabar rompiendo con él: así aparecen en el mundo una fe sin amor, una ciencia o una política sin alma y una felicidad de compraventa, incapaz de darse a los seres humanos para hacerlos realmente felices.

Pero, si somos capaces de mantener el equilibrio entre la razón y el corazón, la vocación o el deseo podrán dejarnos en un lugar diferente de aquel que nosotros dejamos atrás. Y en ese lugar, solo allí, podremos escuchar la misma invitación que recibieron los dos hijos de la parábola. La felicidad, más que una promesa, es una invitación. Más que un estado, es una respuesta. Es la respuesta necesaria para cuantos hemos descubierto lo precario de todas las fórmulas o promesas de felicidad que en este mundo han sido. Es la respuesta que alguien espera de nosotros. Nos pasamos la vida buscando o esperando una respuesta a nuestras preguntas. Pero en vano. La respuesta que alguien espera de nosotros es la respuesta que buscamos sin darnos cuenta de ello. Buscamos lo que es más grande que nosotros. Pero lo que encontramos es alguien que nos invita y sale a nuestro encuentro: tan solo eso, tan sólo él...

7. Sobre la fiesta, la gratitud y el bien

Es esencial recordar que el padre de la parábola sale al encuentro de sus dos hijos. No hace distinción alguna entre el hijo pródigo y el ejemplar. Ambos son hijos suyos: el que decidió irse de su lado y el que sigue a su servicio. Claro que su invitación a la fiesta no tiene el mismo eco en ambos...

Toda fiesta, toda interrupción y renovación del tiempo ordinario en forma de día extraordinario -día festivo-, se debe a alguna razón. La vida ordinaria no se celebra. Nadie siente la necesidad de celebrarla sino de vivirla, lisa y llanamente. La costumbre hace sentir la necesidad. Y la necesidad, a su vez, impone la costumbre hasta volverla invisible, indistinguible de la vida misma: como se ha hecho toda la vida, se sigue haciendo hoy. El tiempo ordinario, acostumbrado y necesario para no sentir ya el peso sino el paso de la vida, se interrumpe cuando hay algo extraordinario que celebrar: "este hermano tuyo estaba muerto y ha vuelto a la vida, estaba perdido y lo hemos encontrado", proclama el padre al regreso de su hijo pródigo. La fiesta que prepara el padre está llena de significado para él: su hijo "ha vuelto a la vida". No así para el hijo ejemplar. No es *su* fiesta.

El hijo ejemplar sigue entregado a su vida ordinaria, que la vuelta de su hermano no ha conseguido interrumpir. Mientras el padre prepara *su* fiesta, él está "en el campo", como un día cualquiera. Por eso, cuando vuelve del trabajo, se encuentra con lo que no esperaba: la fiesta con ocasión del regreso de su hermano.

Él no puede entender a qué razón se debe esta fiesta. Toda fiesta se debe a alguna razón. Tiene que haberla para interrumpir la vida ordinaria y renovarla por entero en un día extraordinario, un día de fiesta. En realidad, el hijo ejemplar está en lo cierto: no hay razón alguna para la fiesta. La fiesta con ocasión del regreso del hijo pródigo no es una fiesta debida a un motivo que todos puedan comprender y compartir. Es una decisión exclusiva del padre, que ha querido celebrarla. El padre es el alma de esta fiesta. Nadie más que él encuentra razón para ella.

Así opera el sentimiento de gratitud en el corazón de los seres humanos. Uno siente gratitud por algo que nadie más que él mismo encuentra digno de ella. Nadie, al menos, en la misma medida. Uno siente gratitud por la sola presencia de alguien, solo por eso. La sola aparición de su hijo, que vuelve a casa abatido y avergonzado, despierta en el padre de la parábola un profundo sentimiento de gratitud: "!Gracias a Dios que ha vuelto mi hijo...!", imaginamos que pudo exclamar cuando vio venir a su hijo. Y la fiesta que él mismo decide preparar para la ocasión no es más que la expresión de esta gratitud. No hay razón alguna para ella. La gratitud del corazón no necesita buscar razones fuera, es decir, entre los que puedan comprenderlas y compartirlas. La gratitud es la respuesta del corazón a la sola presencia de alguien, de uno solo acaso.

Toda fiesta se debe a un motivo de gratitud, capaz de interrumpir y renovar la vida ordinaria, la única que vivimos los seres humanos en circunstancias normales. Pero en sus fiestas, por ser la expresión cultual y cultural de algún motivo para la gratitud, acaba olvidando el ser humano hasta la misma razón por la que las celebra. La gratitud se alimenta y goza de sí misma, más acá de cualquier motivo. Por eso el que da las gracias suele reiterar su gratitud. No se limita a una sola palabra. No dice simplemente "gracias". Lo habitual es decir "muchas gracias" y repetirlo varias veces. La gratitud es el gozo de un corazón que atiende a razones sin dejar que ellas tiren tanto de él que acaben rompiéndolo.

En las fiestas los hombres abren su corazón y se expresan tal como son, no como lo que se sienten llamados a ser. Obedecen a su corazón y no a razones superiores en aras de algo más grande que pueda tirar de ellos. Por eso el hombre religioso no consigue entender cómo es posible que ya nadie piense en lo que celebra cuando celebra, por ejemplo, la Navidad cristiana. Siendo, como son, tan sublimes las razones para celebrarla, ¿cómo es posible que sean tan pocos los que las recuerdan? Pero es que ni siquiera los que las recuerdan las tienen presentes en todo momento: después de la misa viene la mesa; después del culto, la cultura; después de la solemnidad, la diversión...En la fiesta el hombre se divierte, esto es, se olvida de sí mismo y de todas sus razones. Simplemente goza.

En la fiesta se viene a cumplir aquel principio transcendental de la filosofía medieval según el cual el ser y el bien son lo mismo. No lo son *secundum rationem*, esto es, "en nuestra mente racional", porque nosotros los distinguimos racionalmente. Pero lo son *secundum rem*, esto es, "en la vida real". La realidad de la vida va siempre por delante de nuestros conceptos y distinciones. Lo que pasa es que nosotros tardamos en descubrirlo. La vida va siempre por delante. Los vivos vamos por detrás de ella.

Tenemos que dar el rodeo de los distingos -*secundum rationem*- para arribar al puerto de las cosas tal como son, de nosotros mismos tal como somos -*secundum rem*-. Para llegar al corazón tenemos que pasar por la cabeza. Para llegar a ser nosotros mismos necesitamos sentirnos llamados o atraídos por algo o alguien más grande que nosotros y dar respuesta a tamaña voz. En el gozo puro y simple de la fiesta todos somos buenos. Somos buenos gozando de la misma fiesta: nada más trágico que una muerte, provocada o fortuita, en el marco de una fiesta. Ser y ser bueno son lo mismo entonces. Nadie merece encontrar la muerte, supremo mal, en una fiesta.

En realidad, ser bueno no significa estar en posesión de una cualidad entre otras muchas. Cada vez que nos referimos a las cualidades de una persona ausente procedemos a una enumeración del género: es una buena persona, inteligente, trabajador...Uno es bueno entre otras muchas cosas buenas. Como si la bondad fuera una prenda más entre otras, tan dignas de mención como la bondad misma... Para Santo Tomás el bien no es eso. No entra en la lista de las cualidades como otra más. El bien es, para el doctor angélico, la *ultima perfectio,* la perfección suprema. El padre de la parábola, ¿no es precisamente esto lo que representa para sus hijos? ¿No es su corazón una fiesta?

II

La bondad no cabe en ninguna lista de cualidades. Atribuirla a un ser humano es, en cierto modo, como sacarlo de este mundo, donde todos necesitamos ser buenos, sin duda, pero, sobre todo, *en algo*. La bondad es la cualidad propia del hombre bueno. Pero un hombre que solo sea eso, una buena persona, carecerá de verdadero interés para este mundo. Nadie sube a un avión tripulado por alguien que no sabe volar, aunque sea una buena persona. Nadie confía algo valioso a quien no sabe guardarlo, por muy buena persona que sea. Cuando no sabemos qué decir de alguien, acabamos repitiendo que es una buena persona: ¡qué menos!

Si hay una cualidad que compite y rivaliza con la bondad, no es otra que la inteligencia: ¡qué buena opinión tenemos todos acerca de las personas inteligentes y capaces! Si la bondad es la virtud del corazón, si ser bueno significa tener un buen o gran corazón, la inteligencia es, en cambio, la virtud de la razón y ser inteligente significa ser capaz de encontrar razones capaces de justificar la conducta propia o ajena. Tener razón es algo que muchos prefieren a tener simplemente un buen corazón. Parece mucho más importante aquello que esto.

El hombre inteligente puede competir con el hombre simplemente bueno hasta el punto de ponerle en ridículo ante los demás hombres: ¿será bueno o tonto? De tan bueno, puede acabar uno pasando por tonto o "demasiado bueno" ante los demás y, lo que es mucho peor, ante sí mismo. Que los demás lo piensen de uno tiene pase. Deja de tenerlo, sin embargo, cuando uno se empieza a preguntar si no tendrán razón los demás para pensar así. La inteligencia es capaz de asediar los altos muros de la bondad hasta remover sus cimientos con amenaza de ruina. De hecho, la sociedad humana ¿se compone realmente de buenos y malos? ¿O no se compone, más bien, de buenos y hábiles para cumplir sus objetivos en la vida, sean buenos o no los medios requeridos para ello?

Pero la bondad resiste el asedio de la inteligencia más brillante con su arma pacífica y secreta: su capacidad de coincidir con el ser. Si ser y ser bueno son lo mismo -según la teoría medieval de los transcendentales-, la bondad, entonces, no puede tener enemigos. No puede haber nada fuera ni menos enfrente de ella: fuera del ser no hay absolutamente nada. No tiene, pues, rival. A diferencia de la inteligencia, que necesita objeto, adversario, es decir, "algo o alguien frente a ella", la bondad es sin objeto: el bueno lo es porque sí, porque la bondad "le sale del corazón". La gratitud, aun sin motivo: por todo y por nada a la vez.

La inteligencia necesita retos. La bondad, en cambio, abrazos, es decir, seres con los que coincidir para ser, en el sentir de San Pablo, "todo en todos". Pero no para absorberlos y anularlos sino para abrazarlos. El que abraza abarca, acoge por entero. Por eso la bondad necesita de la inteligencia. No como rival sino como aliado: su más íntima colaboradora, hasta el punto de ser uno con ella.

La bondad es "la forma superior de la inteligencia" según Jankelevitch. Y yo creo que se podría invertir el orden de estas palabras sin pervertir, por ello, su sentido: "la inteligencia es la forma superior de la bondad". Una inteligencia bondadosa o una bondad inteligente: ambas siempre unidas *secundum rem,* esto es, en la vida real, por más que nos empeñemos en distinguirlas *secundum rationem.* La vida va siempre por delante. Nuestra mente racional, siempre a la zaga por detrás.

La parábola del hijo pródigo capta el sentido de esta tensión entre la razón y el corazón, la bondad y la inteligencia, finalmente resuelta en la unidad de un abrazo, el abrazo del padre con su hijo pródigo: "cuando aún estaba lejos, su padre lo vio, su corazón se conmovió y, corriendo a su encuentro, lo abrazó y cubrió de besos".

El padre ve antes a su hijo que éste a su padre. Mientras le ve, son dos: el padre es el padre, el hijo es el hijo. Ver requiere distancia entre el que ve y lo visto. Y no hay distancia sin diferencia: dos, al menos, entre los que cabe alguna distancia. Pero la cosa no se queda ahí: el padre ve a su hijo venir de lejos y no se queda esperándole. Podría haberlo hecho. No le habrían faltado razones para esperarle y pedírselas a él: dónde había estado, qué había hecho de sus bienes, cómo es que volvía ahora en semejante estado…

La inteligencia da o pide razones. Se atiene a ellas. Las necesita para dar un paso, solo un paso. Y, si no las tiene, las busca o las inventa: así de ambigua e insegura es la razón humana. Solo cuando las ha encontrado -o ha creído encontrarlas- se pone en movimiento. Solo con razón le permite al corazón hacer su parte, esto es, mover al hombre entero hacia algún objeto o alguna persona. Pero el corazón no siempre necesita las razones que busca la inteligencia. Muchas veces, se mueve él solo, con razón o sin ella.

A veces, el corazón lo es todo. Ser y ser bueno coinciden, entonces. Son lo mismo. El padre del hijo pródigo no se atiene a razones para seguir esperando. Y eso que las tiene. Su corazón se conmueve y sale corriendo al encuentro de su hijo. Mover, conmover: he aquí la propiedad exclusiva del corazón, que la razón desconoce. La razón no mueve a nadie: solo da o pide, busca o encuentra. Todo el dinamismo del ser humano brota de aquella fuente que es su corazón.

Nadie hace lo que debe simplemente porque sabe que lo debe hacer. Uno puede estar cargado de razones para tomar una decisión pero no acabar de tomarla. Saber lo que tenemos que hacer no nos mueve a hacerlo. Ver no es actuar. El padre de la parábola vio venir de lejos al hijo de sus entrañas y pudo no hacer nada. Pudo quedarse esperando su llegada. O ni siquiera molestarse en esperarle. Pudo no haber sido el padre del hijo pródigo. Pudo haber renegado de él y haberse limitado a ser, en lo sucesivo, el padre del hijo ejemplar: no menos ejemplar él mismo como padre, sin duda.

Una cosa es ver una situación y a una persona atrapada o involucrada en ella. Otra cosa es hacer algo. En ninguna época como en la nuestra hemos tenido la posibilidad de ver y oír tanto a través de los medios de comunicación y las redes sociales. Por eso, en ninguna época como en la nuestra ha quedado tan a la vista la distancia infinita entre el ver y el actuar. Una sociedad informada no es más responsable por el mero hecho de estar informada. Se *vuelve* más responsable cuando hace algo ante lo que está viendo u oyendo: con inteligencia y bondad, con razón y corazón. Si no hace nada, la información tendrá sobre ella el mismo efecto que la desinformación: mantenerla en su propio letargo.

8. Sobre las dos llamadas en la vida

Ni razón sin corazón ni corazón sin razón: ambos son como las vertientes de un tejado a dos aguas. Por una de ellas trepa el hombre con esfuerzo hasta encaramarse a la cima de aquello que se siente llamado a ser para contemplar, desde allí, el mundo entero, en su verdad y en su apariencia: en lo que responde a su visión de las cosas y en lo que pueda ponerla en duda. Y, por la otra vertiente, desciende deslizándose, sin esfuerzo alguno, hasta lo que realmente es: solo un hombre.

Más acá de las razones de una vida, permanece aquel saber del corazón -*sapientia cordis*- que mueve a cada uno, ora con gozo ora con dolor. No podríamos bajar al corazón si no hubiéramos subido primero a las alturas de la razón y del sentido de la existencia. Desde arriba nos deslizamos sin querer hacia abajo. Porque lo que abajo nos espera es inesperado para nosotros. La bondad del corazón es inesperada para todo el que, desde la cima de su vida consumada y consumida, se deja traer, siempre de nuevo, hacia la fuente viva de su corazón.

En esto, solo en esto, cabe notar que la razón y el corazón se distinguen hasta distanciarse absolutamente entre sí. La razón es algo que todos necesitamos defender de quien pretenda disputárnosla. La razón es algo que todos necesitamos tener: en este sentido es universal. Pero cada cual la necesita solo para sí y los suyos: en este otro sentido es particular. La razón es, pues, universal y particular a la vez. Es de todos pero para cada uno. Es de todos pero para unos pocos: los que la defienden aunque no la tengan o los que la tienen aunque no sepan o no puedan defenderla.

Con el corazón, en cambio, no sucede lo mismo. Todos pretendemos tener razón. Todos defendemos nuestras razones. Pero no conozco a nadie que pretenda *tener corazón*. El corazón no ha sido nunca, que yo sepa, objeto de aquella disputa entre todos y cada uno que ha sellado el destino de la razón. El corazón es siempre particular. Cada uno tiene su "corazoncito" y nadie se lo discute. De nadie tiene uno que defenderlo. Por eso, la bondad es inesperada mientras que las razones de cada cual son, más o menos, esperables o razonables para los demás. Una razón que no fuera o pareciera razonable, no sería razón alguna. No se podría compartir.

Para iniciar el descenso hasta el corazón, esto es, hasta el fondo de lo que realmente somos, necesitamos todos de alguien dispuesto a esperarnos abajo. Una vez cumplida nuestra vocación, satisfecho nuestro deseo o alcanzada nuestra meta en la vida, necesitamos escuchar la llamada de alguien saliendo a nuestro encuentro.

Cansados de buscar otro hombre y de serlo, necesitamos no ya sentirnos llamados sino encontrados. Cansados de que busquen en nosotros el fruto de nuestra vocación o la imagen de nuestro deseo, necesitamos que nos busquen a nosotros mismos. No al hombre que es lo que quiere o debe ser sino al que es, sin más, desde el fondo de sí mismo. No al que representa un papel sino al que pierde, a veces, todos los papeles. No al que es lo que es sino al que es quien es: aquel de quien León Felipe pudo sentenciar, en uno de sus versos inmortales, "para cada hombre tiene un camino virgen Dios".

El padre del hijo pródigo es también el padre de todos nosotros, hombres y mujeres que hemos vivido, acaso, en cualquier tiempo y lugar. Hemos vivido, hemos respondido a una llamada, perseguido nuestros anhelos o satisfecho nuestros deseos. Somos un trasunto del hijo pródigo o del hijo ejemplar: hemos hecho en la vida lo que buenamente queríamos o lo que simplemente debíamos. Y volvemos a casa. Volvemos sobre nuestros pasos, tal vez avergonzados como el hijo pródigo, después de tanto para nada. O volvemos sin querer, como el hijo ejemplar, que no se permite ni una fiesta con sus amigos porque tiene que cumplir con su deber. Le gustaría divertirse más y trabajar menos pero él no puede ser como otros, como su propio hermano, que se ha ido por el mundo a gastar los bienes de su padre con malas mujeres...

Todos los que hemos vivido hemos podido tocar con nuestras manos la cima de ese tejado a dos aguas que compone la razón con el corazón, el ser humano más real con el otro, investido de una misión en el mundo o de un ideal en la vida. Y, una vez en la cima, sabemos que no podemos seguir subiendo, que la vertiente se termina y converge, en lo más alto, con la otra, la que nos invita a descender hasta lo profundo del corazón de nosotros mismos o de los demás. El descenso es aquí la vuelta a casa de los dos hijos que nos representan a todos, el pródigo y el ejemplar. Y lo que menos esperan ambos es la figura del padre saliendo a su encuentro, llamándoles a ser no lo que aun no son sino lo que han sido siempre, lo que nunca han dejado de ser: hijos suyos, hermanos entre sí.

En realidad, nadie baja -o vuelve- por su propio pie. La vida humana está siempre proyectada hacia adelante. Pase lo que pase "hay que tirar para adelante". Después de todo, bien sabemos que "no queda otra". Vivir es seguir viviendo, seguir subiendo, seguir mirando hacia arriba o hacia adelante. Por eso necesitamos de algo o de alguien más grande que nosotros mismos que tire y siga tirando de nosotros. Por eso necesitamos vocación, llamada o llama del deseo, sentido del deber, imperativo.

Necesitamos algo por lo que vivir: algo que viene a ser, en realidad, alguien que nos importa o a quien le importamos más que a nadie en el mundo. Las razones de la vida tiran del corazón porque han nacido en él, en lo único que verdaderamente somos cada uno de nosotros: corazón. Pero, de tanto tirar, pueden acabar rompiendo con él. Pueden acabar dejándolo atrás, muy atrás, hasta ponerse en pie y hacerle frente, convirtiéndose así en los mandatos de la razón frente a los sentimientos del corazón.

Sólo el padre de la parábola puede revertir el sentido de esta dinámica que acaba oponiendo y enfrentando la razón al corazón, la verdad al amor, la justicia a la misericordia, la fe a la caridad, la naturaleza a la cultura, las humanidades a las ciencias... Solo una llamada desde el exterior, la llamada de un ser humano a otro, puede hacer volver o bajar al hombre desde aquel pedestal en el que la razón, la verdad, la fe o la ciencia le han entronizado.

Sólo una llamada desde el exterior puede hacer bajar al hombre de aquella cima a la que se ha encaramado respondiendo a la llamada recibida dentro de sí mismo. Ni el hijo pródigo ni el ejemplar vuelven o bajan propiamente a su casa. El regreso del pródigo es enteramente sobrevenido: no le queda más remedio que reconocer su fracaso y su penuria. Vuelve por pura necesidad. En cuanto al hijo ejemplar, bien sabemos que no vuelve. Acabada su jornada en el campo, empieza su descanso. Como cada día.

II

Hay una llamada que nos pone en camino y otra que nos trae de vuelta. Hay una llamada a salir y otra a regresar. Hay una llamada a ser otro o a vivir de otra manera. Y hay otra llamada a ser uno mismo o a vivir cada uno a su manera. Hay dos llamadas en la vida. La primera la escuchamos dentro de nosotros mismos: es la llamada a ser lo que aun no somos, pero queremos o creemos que debemos serlo. La segunda la escuchamos fuera de nosotros: es la llamada a ser lo que, en realidad, ya somos.

Una es la llamada al corazón que busca razones para ser o vivir de otra manera: se las pide a lo que le atrae o a quien le llama. Otra es la llamada al corazón, con razón o sin ella: no hace falta razón alguna para volver a casa ni para ser lo que uno ya es. Nadie llega a escuchar esta segunda llamada sin haber respondido a la primera. Ambas son necesarias y oportunas. Llegan cuando llegan *pero llegan.* Otra cosa es que sepamos o queramos escucharlas.

La primera llamada ofrece respuestas. Las necesitamos, esto es, necesitamos buscarlas y encontrarlas: ponernos en camino y avistar la meta. Necesitamos hacer algo con la vida. Por más que la vida se vuelva, a veces, contra nosotros, como algo ya hecho sin remedio, necesitamos sentir que se va haciendo entre nuestras manos, palpitando como un ave a punto de levantar el vuelo por vez primera. Es su vuelo, su vida, su llamada y su respuesta.

La vida, en abstracto, no existe. Por eso hablar de la vida es no hablar de nada real. Lo que existe es la vida de cada viviente, la vida vivida por cada uno a su manera: según sus posibilidades y, en el caso del ser humano, según sus propias necesidades también. Cada cual necesita hacer su vida aun cuando se haya vuelto contra él, ya hecha: así la vida de los que malviven, la de los que sobreviven o tratan de sobrevivir a la enfermedad y a la muerte. Supongo -y digo "supongo" porque nadie puede pensar en la vida de los otros sino desde la suya propia- que también ellos necesitan hacer su vida, sentirla entre sus manos, gritar sin consuelo a los oídos sordos de un mundo sin corazón, de una sociedad indiferente al sufrimiento de quienes puedan poner en peligro su bienestar: ¡es mi vida!

La segunda llamada no ofrece respuestas: es, ella misma, la respuesta. No la que busca un corazón en busca de razones para ponerse en camino hacia una meta. Es la respuesta que nadie busca y nadie ofrece, por ello: ni las religiones ni las cosmovisiones, más o menos científicas, ni las ideologías al uso. Es la respuesta no ya a la pregunta de la vida por hacer -qué hacer con mi vida- sino a la de la vida ya hecha.

Esta segunda es, en realidad, una pregunta doble. Por un lado, ¿qué he hecho de mi vida? Y, por el otro, ¿qué puedo hacer de otras vidas? Todos sabemos qué hacer con las "buenas personas". Pero no sabemos muy bien qué hacer con las que tenemos por "malas" o "complicadas". Las personas complicadas nos complican la vida. Y, en cuanto a las malas personas, todos hemos oído aquello de que "las malas compañías corrompen las buenas costumbres..."

La primera llamada que escuchamos en la vida y que nos pone en camino hacia otra parte o hacia otra vida es la llamada de la vida misma. La vida misma nos llama a una vida mejor, a otra vida más plena: con la dulzura del deseo o la intensidad de una vocación que es también deseada porque es deseable: una vocación opuesta o extraña a los propios deseos sería antinatural y no sobrenatural, según aquella visión de la vida que inspira la teología cristiana de la Encarnación.

La segunda llamada, en cambio, no brota espontáneamente de la vida. No es una llamada a vivir, lo más dulce o intensamente posible, la vida por vivir. No es una llamada a hacer "mi vida" sino a hacer algo con la vida de aquellos que han hecho de la suya lo que han querido -dentro de lo que han podido, claro está-. Es una llamada a hacerse cargo de la vida ya hecha por otros y a responder también de la propia.

La vida hecha es un problema que la vida trata siempre de eludir. Mientras vivimos, tratamos de hacer nuestra vida según nuestras posibilidades y necesidades. No contamos con la vida ya hecha sino para apoyarnos en ella. Nos apoyamos en el pasado para lanzarnos hacia el futuro como desde un trampolín. De la vida vivida podemos aprender mucho, si queremos. Pero a lo que no estamos dispuestos es a darla por ya hecha del todo. Un corazón vivo es un corazón joven, aunque sea el de un hombre de noventa años. La vida humana no para de hacerse, esto es, de responder a la primera llamada de la vida: la del deseo, el deber o la vocación. No conoce, pues, otra meta que la felicidad.

Todos los hombres queremos ser felices. Para serlo de veras sabemos lo que tenemos que hacer de acuerdo con Aristóteles, padre de la ética eudemonista o felicitaria: vivir de acuerdo con lo mejor de nosotros mismos. Lo mejor del ser humano, lo que le distingue de las demás especies animales, es su racionalidad. Así las cosas, ¿qué haremos, entonces, con lo que es, acaso, peor...? La ética del Estagirita no se plantea esta cuestión. Lo mejor o superior en el ser humano ha de tener a su merced todo lo que haya en él de inferior o menos bueno. La razón ordena el corazón y sus "afectos". Ahora bien, ¿quién la ordena a ella? Nadie, nada, porque la razón es lo mejor o superior, lo propio o específico de la condición humana.

La razón que ordena el corazón para dar con él adecuada respuesta a la llamada de la vida, a su llamada a hacer la vida, permanece sorda a la llamada de la vida ya hecha. De las personas que han hecho de su vida acaso lo que no debían sabemos, tan solo, que debemos apartarnos para que no hagan, tal vez, de la nuestra lo que no queremos. Ahora bien, los que han hecho de sus vidas lo que no debían ¿son tan distintos de nosotros? ¿Hemos hecho nosotros de la nuestra lo que debíamos en toda circunstancia? Apartándonos de ellos, ¿no es de nosotros mismos de quienes nos apartamos? ¿No desoímos así la segunda llamada en la vida, la llamada a regresar, una vez ya adelantados en nuestra andadura hacia mejores vidas?

III

La razón tira del corazón hacia arriba o hacia adelante. El corazón pide razones a lo que tira de él con la dulzura del deseo, la premura del deber o la intensidad de la vocación. Y, si las recibe, escucha entonces la segunda llamada, la llamada del regreso. Razón y corazón caminan a la vez pero separados mientras responden a la primera llamada, la de la vida misma hacia arriba o hacia adelante: la razón, siempre dos pasos por delante; el corazón, siempre uno por detrás. La razón siempre dispuesta: lo que uno quiere o siente que debe hacer no suele dejarlo para otro día. El corazón, en cambio, siempre rezagado, pegado a la tierra, atento a cada instante y a cada lugar por donde pasa.

Pero, cuando se trata de responder a la segunda llamada, todo cambia: razón y corazón caminan juntos, ya no separados. Juntos ejercen su inalienable libertad: la de responder a la segunda llamada, la de la vida ya hecha.

Mientras haya algo o alguien que tire de nosotros no sentimos realmente el peso de la libertad, la responsabilidad que conlleva ejercerla. Mientras haya algo o alguien que tire de nosotros hacia adelante o hacia arriba lo que sentimos es, más bien, ligereza, en modo alguno gravedad. No nos pesa la libertad como al atleta entrenado para competir con los mejores, que no siente el peso de su propio cuerpo mientras rasga el aire con sus miembros. Mientras nos sentimos llamados o atraídos por algo o alguien, nos sentimos ágiles, sueltos, independientes como quien se ha acostumbrado a sus viejas dependencias y no las padece nuevas: aparentemente libres, pues.

Todo cambia, sin embargo, en cuanto suena para nosotros la segunda llamada, la que no pide ni siquiera espera respuesta porque ella misma es llamada y respuesta a la vez. Lo que requiere la llamada de una vida ya hecha no es respuesta alguna. No se trata de responder *a* una llamada sino de responder *de* una respuesta ya dada de antemano. La libertad pesa cuando se realiza como responsabilidad: no como "respuesta a" sino como "respuesta de".

Por eso, porque pesa, razón y corazón ya no pueden seguir separados como cuando respondían a la primera y esencial llamada de la vida. Para responder de esta segunda llamada -que es, a su vez, respuesta-, razón y corazón han de caminar juntos. Para sostener el peso de la libertad no bastan buenas razones. Buenas razones no hacen buenas a las personas. Tampoco basta un buen corazón. Un buen corazón necesita razones que le asistan para defenderse de cuantos le puedan acusar de ingenuidad y quién sabe si no de complicidad con los que abusan de su buena fe en beneficio propio.

Corazón y razón se necesitan mutuamente en la hora de la responsabilidad, en el pleno calor del mediodía, que es cuando más abruma el peso de la libertad. En realidad, ¿qué otra cosa es una acción responsable sino el acto de unirse ambos, corazón y razón, para sostener juntos el peso de la libertad? La libertad de querer lo que nos atrae o de responder al que nos llama, la libertad de opción o vocación -que la tradición ha reconocido desde San Agustín bajo el nombre de "libre albedrío"- no es propiamente una libertad responsable. No pesa. Hacer lo que nos gusta no nos cuesta. Pagaríamos con gusto por seguir haciendo aquello mismo por lo que nos pagan a nosotros.

Es cierto que la libertad de elegir es también la de asumir sus consecuencias. Es único el día de la boda. Los siguientes ya no lo son. Se parecen demasiado quizá unos a otros. Los que dispusieron el día de su boda y quedar, desde entonces, unidos para siempre no disponen ya de los días venideros. Las consecuencias de una decisión no son nunca del todo predecibles. Por algo empleamos, en nuestra lengua, expresiones como "cargar con las consecuencias".

Que las consecuencias puedan llegar a ser una carga no significa, con todo, que hayan de pesar. Las consecuencias no pesan sino sobre aquellos a quienes les pueda haber pesado la decisión tomada en su día. Si no les pesa, tampoco les pesarán sus consecuencias. Simplemente cargarán con ellas, resueltos y ligeros porque sigue tirando de ellos la misma fuerza de los comienzos, la fuerza con la que algo o alguien puede atraer a los seres humanos tirando de ellos hacia arriba o hacia adelante. Cargar con las consecuencias no es otra cosa que seguir respondiendo a la primera y esencial llamada de la vida: siempre hacia otras y mejores vidas.

La responsabilidad empieza más allá de esta primera llamada. Hablamos mucho de responsabilidad en el horizonte de la primera llamada: paternidad responsable, responsabilidad en la educación, en el trabajo, en el uso de los bienes...La responsabilidad se convierte fácilmente en algo de lo que a todos nos gusta presumir. Todos apelamos, así en primera como en última instancia si es preciso, a la responsabilidad de todos y cada uno.

Pero de lo que estamos hablando no es tanto de "responder de" cuanto de "responder a". Estamos hablando de la vida misma, esto es, de responder a su llamada en forma de reto o estímulo incesante.

El hablar tanto de responsabilidad ya nos delata. De nada hablamos tanto como de la vida misma. La vida misma nos apremia a hablar de ella hablando de nosotros mismos, de aquello que tira de nosotros sin cesar hacia arriba o hacia adelante. Expresiones gastadas en nuestros labios como "la vida es así", "es la vida" o "la vida sigue", ¿no suelen rematar nuestra conversación cuando ya no tenemos nada que decir? La vida necesita ser dicha aun cuando no encontremos palabras para decir nada más de ella.

La responsabilidad en sentido propio empieza, como acabo de apuntar, más allá de nuestra vida ordinaria, con sus afanes y sus treguas para recuperar la calma. La responsabilidad empieza más allá de la vida de cada quien, de esa vida que vamos haciendo como podemos y como queremos, a partes desiguales. Más allá de la cima desde la que ya no podemos seguir subiendo porque parte el tejado a dos aguas de la vida, o descendemos o nos quedamos allí, encaramados a nuestra propia altura y contemplando lo mucho ya vivido y lo poco que nos queda por vivir.

Más allá de la cima no podemos subir: o nos quedamos defendiendo nuestra posición en la vida, ganada a fuerza de trabajar sin descanso, o bajamos hasta quedar a la altura de quien seguramente no se ha esforzado nada por avanzar o procurarse otra vida, más alta y plena. O bajamos o no bajamos. No hay *tertium quid*.

Así como nadie puede subir si no se siente llamado a algo o por alguien que tire de él hacía adelante o hacia arriba, tampoco puede bajar nadie si alguien no le llama a hacerlo con una voz externamente audible. No se trata ya, como en la primera llamada, de una voz capaz de sonar solo dentro de uno mismo. Ahora se trata de una voz que suena fuera: cualquiera puede escucharla si acierta a pasar por allí donde suena. Ahora bien, que cualquiera puede escucharla significa exactamente eso: que puede. Otra cosa es que quiera.

Poder no es querer. Así como es muy difícil no querer lo que se desea, lo que a uno le atrae, lo que le llama con la frescura del primer amor o el ardor de la vocación, no es menos difícil querer escuchar lo que cualquiera puede oír, querer responder a la segunda llamada en la vida. Si a la primera lo difícil es no dar respuesta alguna -no dar, al menos, una primera respuesta ilusionada-, a esta segunda llamada lo difícil es dársela ¿Qué respuesta dar a una llamada que es, ella misma, una respuesta? La segunda llamada es así de enigmática.

La vida humana es una llamada incesante a hacerla: cada cual se siente natural y espontáneamente llamado a hacer su vida, la suya propia, la que nadie más que uno mismo puede vivir en primera persona. Hasta que suena la llamada de la vida hecha, o más en concreto, de la vida acaso mal hecha. El "hecho de haber hecho" es irreversible y permanece indeleble en la biografía de un ser humano, como pone de relieve Jankelevitch en su ensayo sobre el perdón. Nadie puede borrarlo ¿Qué hacer, entonces, con él?

9. Sobre lo que podemos hacer con una vida mal hecha

Ante la vida hecha -y acaso mal hecha o deshecha- caben dos opciones, como vengo sugiriendo: o responder de ella o no hacerlo. O bajar o seguir en aquella situación donde la vida le ha dejado a uno o en aquella posición que ha alcanzado. La vida hecha, para bien y para mal, no es la propia. La propia vida, que al hacerse va quedando inevitablemente hecha -mejor o peor, claro está-, es el problema de cada cual. Cada cual ha de asumir el "hecho de haber hecho o deshecho" su propia biografía. Biografía no es más que eso: "vida escrita".

La vida, una vez escrita con la tinta del propio desvelo o emborronada por pura desidia, cumple el destino de todo lo escrito: "lo escrito, escrito está", como parece que sentenció Pilatos ante el letrero de la cruz. Lo escrito escrito queda y no se puede borrar. La vida hecha por cada uno es el problema de cada uno: "allá cada uno con su vida que de la mía me ocupo yo"... No es de este problema del que se tendrá que ocupar el que haga oídos a la segunda llamada en la vida.

La segunda llamada no suena dentro de cada uno: suena *fuera*. Y hay que bajar a escucharla: bajar o volver, en vez de subir o seguir adelante como hacemos todos mientras hacemos nuestras propias vidas. Ésta es la cuestión. Los problemas de la vida se van superando hasta disolverse o resolverse del todo o, al menos, en parte. Pero las cuestiones no son problemas, no son obstáculos más o menos superables. Las cuestiones en la vida son abismos que se abren y no es posible saltar sobre ellos de un brinco. Sólo queda bajar al fondo o quedarse arriba, en la superficie.

Es el momento de volver a la parábola del hijo pródigo y de fijarnos en él, sí, en él solo, con su vida hecha y no para bien, más deshecha o maltrecha que otra cosa. Lo vemos volver un día a la casa paterna, truncada su aventura por otros mundos. Se había ido tiempo atrás con ansia de hacer *su* vida, que no deja de ser la misma ansia de todos tan pronto como sentimos la primera y esencial llamada de la vida: la llamada ¡a vivir la vida! Y ahora regresaba.

Si la vida le hubiera sonreído, no se habría visto forzado a tomar el camino del regreso. Pero las cosas no le han ido bien y por eso vuelve, porque casi no le queda más remedio, porque los jornaleros de su padre viven mejor que él desde hace tiempo. El que había salido en busca de una vida mejor volvía sin la vida soñada y aun sin aquella otra desde la que había soñado la suya, sin aquella clase de vida que un padre podía ofrecer a sus hijos en la hacienda familiar. Ni siquiera aspiraba ahora a la vida de entonces. El hijo pródigo ya no aspiraba a nada. Se contentaba con menos, mucho menos, que la vida en casa de su padre. Se contentaba con menos, mucho menos, que la vida real. Ya no se atrevía a soñar ni siquiera en la que había sido su vida real durante muchos años. Le bastaba con ser contado como uno más entre los jornaleros de su propio padre.

Y ¿qué hacer, entonces, de la vida hecha por este hombre que vuelve con la suya deshecha? La vida del hijo pródigo ya no es ahora una vida por hacer. Ha dejado de serlo desde que se ha visto hambriento entre los cerdos de los que cuida y que comen mejor que él. Ha dejado de ser la suya una vida normal, una vida propiamente humana. Porque lo humano es responder a la primera llamada de la vida, que nos atrae hacia otra vida con la dulzura del deseo, la premura del deber o la intensidad de la vocación. El hijo pródigo ya no busca otra vida. La buscó y fracasó en el intento.

A los ojos de su hermano, fracasó por su propia culpa. Dilapidó sus bienes, es decir, los bienes de su padre, los que su padre había reunido para que no les faltase de nada a sus hijos el día de mañana. Por eso, a los ojos de su hermano, el pródigo es alguien con el que no conviene relacionarse. Él se complicó la vida y ahora ha venido a complicársela a los suyos, que ya no son nada suyo. Y es que el hijo ejemplar no le tiene ya por hermano. Se refiere a él en presencia de su padre como "ese hijo tuyo".

El pródigo no es ya hermano de nadie, ni siquiera de su propio hermano de sangre. No es, pues, del todo humano. De personas como él es mejor apartarse. No es una buena compañía. Ha pasado a engrosar la masa infame de " las malas personas", "las personas tóxicas" o "esa gente". Las personas de bien, como el hijo ejemplar, no quieren saber nada de personas como el hijo pródigo. Las personas de bien se juntan con personas de bien. No se juntan con cualquiera. No están dispuestas a que murmuren de ellas: "dime con quién andas y te diré quién eres".

¿Qué hacer, entonces, del hijo pródigo, de tantos hijos pródigos como andan errantes sobre la faz de la tierra? Éste no es un problema. Ésta es una cuestión: *magna quaestio factus sum mihi,* me convertí en una gran cuestión para mí mismo, escribe San Agustín en uno de sus más célebres pasajes. Uno se convierte en una gran cuestión para sí mismo tan pronto como se cruza en su camino con un hijo pródigo cualquiera. Puede seguir de largo o detenerse, mirar de frente o para otro lado: ésta es la cuestión.

Uno puede tener dudas acerca de la existencia efectiva de la libertad, a lo Nietzsche. El hombre que duda de su libertad puede permitírselo porque no se ha cruzado todavía en su camino con ningún hijo pródigo. O, más bien, porque, mientras se cruzaba con él, seguía mirando a otra parte: a sus preocupaciones materiales o a sus inquietudes espirituales, tanto da.

Mientras no hay cuestiones en la vida no hace falta libertad: basta con la sensación de independencia, esto es, con la costumbre que acaba produciendo esa misma sensación. Para vivir la vida, para hacerla cada día, lo único que hace falta es algo o alguien que tire de nosotros hacia arriba o hacia adelante. Que tire y no suelte nunca. Que tire de nuestro corazón hasta romper con él, si es preciso, en nombre de las razones más poderosas. Mientras respondemos a una llamada estamos demasiado bien ocupados. No tenemos tiempo para responder de nadie.

Vocación y responsabilidad son vectores que apuntan en sentido exactamente opuesto. Pero, precisamente por eso, se relacionan en los mismos términos que la razón y el corazón, el ser humano que somos y el que nos sentimos llamados a ser. Una vocación sin responsabilidad es como una razón sin corazón: siempre de frente, como si no importaran los cadáveres que va dejando uno atrás por el camino. Y una responsabilidad sin vocación es, a su vez, como un corazón náufrago a la deriva mar adentro: siempre aferrado a los recuerdos que le permitan seguir sobreviviendo.

A los hijos pródigos les ofrecemos cárceles, centros de integración, programas de reinserción, equipos de atención, clínicas de rehabilitación... Todo para ellos pero ¡ay!, en el fondo, sin ellos. Porque con un hijo pródigo hay que tener cuidado. Hay que guardar una prudente distancia respecto de esta clase de personas. En el trato con ellos, no debemos mezclar el trabajo profesional con la vida personal. Un hijo pródigo no está en condiciones de tener amigos.

Sería peligroso para nosotros ofrecerles nuestra amistad. Mienten mucho -mucho más que nosotros, quiero decir-, han hecho de la mentira su forma de vida. Es natural: o mentir o morir. Por eso ahora necesitan muchas cosas que no podemos darles si carecemos de la capacitación adecuada para atender sus necesidades. Pero no nos preocupemos por ello. Están en manos de los profesionales: funcionarios, psicólogos, educadores sociales, orientadores laborales...Ellos se ocuparán de los hijos pródigos con los que nos podamos cruzar en el camino.

La vida hecha, o más bien deshecha, por los hijos pródigos complica, sin duda, la nuestra por hacer. Entre ellos y nosotros se abre un abismo. De los buenos ejemplos se aprende. De los malos, en cambio, no se aprende nada. La buena conciencia que promueven los malos ejemplos, como observa Javier Goma, es una conciencia perfectamente inútil. Sentirse uno mejor persona que otros no le motiva a ser tan bueno como se cree. Da fe de ello el hijo ejemplar.

II

El hijo ejemplar en la parábola del hijo pródigo se cree mejor que su hermano. El "mal ejemplo" de su hermano promueve, en efecto, su buena conciencia. Ahora bien, ¿qué valor tiene la buena conciencia de uno mismo? Yo diría que ninguno. Pienso que la buena conciencia es una de las cosas más inútiles que existen. Conviene recordar aquí aquella sentencia que Sócrates dirige a un tal Lisis en cierto diálogo de Platón : "nadie quiere a otro si éste no le aporta nada". Una buena conciencia no aporta nada a nadie. No sirve para nada, ni siquiera para volver sobre ella y desde ella seguir adelante con la misma buena intención que movió al satisfecho de lo bien hecho antes de llevarlo a cabo.

El satisfecho que no se complace con su buen hacer goza del fruto de su desvelo. Y es que este fruto, más que dentro de su propia conciencia, lo encuentra ante sí, esto es, en aquel a quien ha beneficiado y puede contemplar ahora en mejor situación. El que se complace, por el contrario, en sus buenas obras no goza de fruto alguno porque no lo da. Sus buenas obras se pudren dentro de su buena conciencia mientras crecen, como la grama, los malos ejemplos a su alrededor. Nadie puede querer a quien se quiere a sí mismo más que a nadie en el mundo.

Es el caso del hijo ejemplar en la parábola evangélica. Su buena conciencia le impide querer a alguien más que a sí mismo porque es en ella donde halla la razón que necesita para preferirse entre los demás. No sólo se cree mejor que su hermano, a quien ni siquiera siente como hermano suyo. Se siente además superior a su propio padre, con esa especie de superioridad moral que se arroga todo el que tiene algo que reprochar a su prójimo.

El hijo ejemplar reprocha a su padre lo que ya sabemos: "en tantos años como hace que te sirvo nunca me has dado un cabrito para celebrar una fiesta con mis amigos...". Mejor que su hermano, superior a su padre...¿qué clase de amigos puede tener un hombre así? Nada sabemos de ellos y es natural que así sea. Alguien que trata de este modo a su propio hermano y a su propio padre no merece tener amigos: ¿cómo los trataría si los tuviera? Sus propias palabras le delatan: nunca ha celebrado una fiesta con ellos. Es la suya una ejemplaridad heroica y triste, a la vez: la que corresponde a quien no trabaja para vivir pues vive para trabajar.

En realidad, cabría entender la respuesta del hijo ejemplar a la invitación de su padre, que prepara una gran fiesta para celebrar el regreso de su hijo pródigo, como un caso de mala conciencia. Si los malos ejemplos promueven la buena conciencia entre quienes piensan que ellos mismos no son como los que dan tan malos ejemplos, los buenos ejemplos promueven, en cambio, la mala conciencia entre quienes saben que ellos mismos no los dan tan buenos. Lo saben pero les ofende reconocerlo.

Acaso el hijo ejemplar no está dispuesto a reconocer que no es tan ejemplar como él mismo cree. Por eso reprocha a su propio padre lo que no se atreve a reprocharse a sí mismo: que ha llegado al extremo de tratar a su propio hermano como a un extraño. La mala conciencia es tan inútil, tan paralizante, como la buena porque ambas son como el haz y el envés de aquella hoja en la que va uno escribiendo su propia vida con la tinta del desvelo o la desidia. La buena o mala conciencia divide el mundo en dos mitades: de un lado, el que la defiende; del otro, cuantos la padecen.

El signo de la buena-mala conciencia es el signo de la división. El hijo ejemplar que duerme o despierta dentro de cualquiera de nosotros divide lo que nadie puede romper: la unidad natural del género humano. Todos somos lo que somos, seres humanos, con independencia de lo que lleguemos a ser en la vida. Antes de lo que nos sentimos llamados a ser cada uno de nosotros se alza lo que somos sin más ¡Sin más!

Porque los seres humanos no nos contentamos con ser lo que somos: una precaria vertical que se alza sobre la línea horizontal de la tierra, en aguda expresión de Josep María Esquirol. Queremos ser más. Nos sentimos llamados a ser más de lo que somos, como si pudiéramos engrosar nuestra precaria vertical sobre la tierra hasta convertirla en un inquebrantable muro defensivo que nos haga sentirnos superiores a cuantos no comparten nuestras creencias, en el fondo tan precarias como las plegarias que dirigimos a nuestros dioses desde el interior de nuestros muros.

Si no nos empeñáramos tanto en afianzar nuestra precaria vertical fortificándola, si comprendiéramos que alzarnos sobre la tierra no tiene otro sentido que el de poder verla mejor y así mirarla mientras bajamos a su nivel y tocamos con respeto lo que podríamos pisar y aplastar sin él, si llegáramos a descubrir, al fin, que no sino para poder bajar hemos subido y para responder de los demás damos respuesta a la primera y esencial llamada de la vida, entonces, solo entonces, podríamos cumplir nuestro destino.

Pero no lo cumplimos. El hijo ejemplar no cumple su destino. No baja a la tierra en que ha caído su propio hermano. No le llama hermano. No quiere saber nada de él. Ni quiere tener nada que ver con él. Él tiene que seguir haciendo su propia vida, de casa al trabajo y del trabajo a casa cada día, y lo hecho por su hermano no tiene pase. Lo hecho, lo pasado, tiene siempre su importancia aunque nadie se la dé. De ningún hecho pasado podemos concluir que ha pasado sin más. Nada pasa sin más, por más que parezca haber pasado sin pena ni gloria. *El pasado* -nótese que lo sustantivamos con un artículo de género masculino y no de género neutro, como en el caso de todos los demás participios- pesa.

Pasa y pesa. Su peso puede ser tan leve que no parezca tenerlo porque no causa, en efecto, pesar alguno. O tan grave que pese demasiado, tanto que cause verdadera pesadumbre. En uno u otro caso, el peso del pasado sostiene siempre nuestro presente. No seríamos lo que somos sin él. El problema es que, a veces, sostiene y retiene. Cuando pesa demasiado nos sostiene reteniéndonos, tirando de nosotros hacia atrás, impidiéndonos responder a la primera y esencial llamada de la vida. Entonces necesitamos soltarlo, desprendernos del lastre que representa para nosotros. Y, como no podemos, como no podemos vivir sin él, que nos sostiene en el presente como la precaria vertical que somos sobre la horizontal del suelo, huimos de él hacia adelante. Es lo que hace el hijo ejemplar con su propio hermano: seguir haciendo su vida como si su hermano no fuera ya su hermano.

Es lo que tiende a hacer la razón con el corazón: tirar de éste hasta romper con él, en una endiablada huida hacia arriba o hacia adelante que es, en realidad, una huida hacia ninguna parte. El hijo ejemplar se queda fuera de casa. Se niega a entrar en ella y a participar de aquella fiesta que su padre ha preparado al regreso de su hijo pródigo. No hace otra cosa. No toma otro camino. No va a ninguna parte. Simplemente se queda donde estaba cuando recibió la invitación de su padre. El hijo ejemplar toma esta determinación por pura coherencia consigo mismo: no hay derecho a que el hijo pródigo sea recibido en casa con una fiesta mientras él se ha pasado la vida cumpliendo con su obligación y ni una fiesta con sus amigos ha tenido ocasión de celebrar.

A veces el pasado pesa demasiado y uno quisiera aliviar la carga de tanto peso, que sostiene su presente reteniéndolo. El turbio pasado de su hermano pesa sobre la conciencia del hijo ejemplar porque, a pesar de todo

-tan a pesar suyo- se trata de su propio hermano. Se trata del otro hijo de su propio padre. No hay manera de soltar el pasado. El pasado es siempre un "porque" y un "aunque". Somos lo que somos porque fuimos lo que fuimos. Y somos lo que somos a pesar de haber sido lo que fuimos ¿Qué hacer, entonces?

Acaso hacernos cargo del peso que nos sostiene en el presente porque viene del pasado. Hacernos cargo de este peso en vez de cargar con él. Sostenernos en vez de soportarnos. Responder de nuestro pasado. Volver o bajar.

III

El pasado no es lo pasado. Lo pasado ha pasado ya del todo. Como recuerda el refranero español: "agua pasada no mueve molino". Sólo queda volver la vista atrás para no olvidar. El pasado, en cambio, es otra cosa. El pasado es como el sedimento sólido que deja el agua al pasar.

Al pasado volvemos no con la vista sino con nuestro propio pie, que necesita pisar tierra firme. Y es que el pasado es capaz de sostener nuestro presente. Gracias a él o a pesar suyo somos lo que somos o estamos donde estamos. Nuestro pasado es nuestro "porque" y nuestro "pese a que". Porque estamos vivos sabemos que vamos a morir. Pese a que podemos vivir acaso muchos años y con mucha salud, sabemos igualmente que vamos a morir.

La vida misma es la razón última para vivir con alegría o tristeza, con esperanza o sin ella. No hay nada bueno en la vida que no pueda acabar mal ni tampoco nada malo que no pueda acabar bien. A éste le toca la lotería. En apenas unos meses, acaba agobiado por las deudas. A aquel le asalta el diagnóstico de una enfermedad incurable. Empieza a vivir entonces una vida auténtica.

No hay "pese a que" que no pueda revertirse en un "porque". Ni "porque" que no pueda revertirse en un "pese a que". Todas las adversidades -"pese a que"- pueden ser oportunidades -"porque"-. Y, a la inversa, todas las oportunidades, desaprovechadas, pueden volverse adversidades. A pesar de todo lo bueno vivido, pueden acabar pasando cosas malas. Y, a pesar de todo lo malo, cosas buenas. El pasado pesa siempre lo suyo: para bien o para mal.

El hijo ejemplar de la parábola lo sabe, sabe lo que le pesa el mal ejemplo de su propio hermano, lejos de los suyos. Lo que no sabe es qué hacer con él. No sabe sobreponerse a él y sostenerse en pie sobre el pasado de su hermano. No sabe -o no quiere saber- hacer de la adversidad una oportunidad, del "pese a que" un "porque". No sabe -o no quiere saber- ponerse en pie sobre un pasado que le sostiene también a él en el presente. No sólo a su hermano, ¡también a él! De ahí que se refiera a su hermano no como hermano suyo sino como "ese hijo de su padre".

Los hijos de un mismo padre son hermanos entre sí. El hijo ejemplar no puede dejar de ser hermano del prodigo. De los lazos de sangre nadie puede librarse porque no son fruto de nuestra respuesta a la primera y esencial llamada de la vida. Los lazos de sangre ya estaban vivos cuando el hombre y la mujer "abandonando a su padre y a su madre" llegaron a ser "una sola carne", como leemos en el relato bíblico acerca de la primera pareja humana.

De los lazos de sangre hay que responder porque son anteriores a los lazos que podamos anudar, cada uno de nosotros, mientras damos respuesta a la llamada de la vida. He aquí la cuestión ante la que se planta el hijo ejemplar de la parábola. Él no está dispuesto a responder de su hermano, así como Caín no estaba dispuesto a responder de su hermano Abel. Por ello se niega a reconocerlo como hermano suyo. El pasado le sostiene reteniéndole. Mientras suena una música alegre desde el interior de la casa paterna, fuera, como un hombre retenido o atrapado, se ha quedado el buen hijo, el ejemplar.

De esta coyuntura en la que parece quedar atrapado el hombre ejemplar, retenido por aquello mismo que le está sosteniendo, es fácil salir, más fácil de lo que parece. La primera llamada de la vida es, en realidad, mucho más exigente que la segunda: lo ofrece todo -otra vida-, es cierto, pero exige más -el sacrificio del corazón, roto con razones que tiran de él hacia arriba o hacia adelante-. La segunda llamada, en cambio, no ofrece aparentemente nada porque es llamada a ser lo que ya somos. Justo por eso exige mucho menos que la primera: responder de aquellos a quienes hemos dejado atrás mientras dábamos respuesta a la primera y esencial llamada de la vida.

De nuevo Platón viene a sugerirme esta diferencia decisiva entre las dos llamadas cuando pone el encomio del amor en boca de quienes acudieron al célebre banquete que da nombre al más inspirador de sus diálogos. El amante se avergonzaría de hacer algo que no estuviera bien mucho más a la vista de su amado que a la de su propio padre ¿Cómo es posible esto?

Porque el amor de los enamorados, de los que se sienten llamados a otra vida con la pasión del primer amor -de la primera llamada de la vida- es mucho más exigente que el de aquellos a quienes los amantes han dejado atrás secundando su pasión: sus propios padres ante todo. Los enamorados tienen que asegurar su conquista. Saben que un desengaño se la puede arrebatar. Los hijos, en cambio, no temen desengañar a sus padres porque no temen perderles mientras éstos vivan. Saben que seguirán siempre a su lado, hagan lo que hagan, hasta el final.

Un padre o una madre son menos exigentes con sus hijos cuando éstos ya son adultos e independientes que mientras son menores y dependientes de sus cuidados. La paternidad es exigente porque tiene que serlo: está en juego la respuesta a la llamada esencial de la vida. Los hijos tienen que ser lo que ellos mismos quieran ser. Tienen que ser capaces de saber lo que quieren ser en la vida. Si caen, tienen que levantarse y seguir hacia arriba o hacia adelante.

Pero, cuando los hijos ya no les pertenecen porque han empezado a pertenecerse a sí mismos como personas adultas y libres, entonces la exigencia de los padres se reduce a una dulce y humilde aspiración: la de que sus hijos sean felices. La felicidad nunca puede ser una exigencia para nadie. Sólo es una aspiración, tanto más noble cuanto uno siente que la felicidad propia depende de la de los demás, de la de los suyos ante todo.

Los padres se vuelven así, con el paso de sus hijos a la edad adulta, dependientes de aquellos mismos que, durante los años de crianza, tanto dependieron de ellos. Ellos han quedado atrás respecto de sus hijos y lo saben. Saben que no tienen derecho a exigirles nada porque, aun siendo suyos, ya no les pertenecen. Ahora son éstos quienes han de responder de ellos. En los padres y en todos aquellos a quienes un ser humano deja inevitablemente atrás mientras responde a la primera llamada de la vida suena, para él, la segunda llamada: la menos exigente pero más noble. Nada puede honrar tanto a un hijo como el haber honrado éste a sus padres.

El amor entre los que se atraen con la fuerza del primer amor o de la primera llamada es exigente. Un enamorado se avergonzaría de hacer algo que no estuviera bien a la vista de su amado. Esta observación que leemos en uno de los discursos sobre el amor que componen *El Banquete* de Platón es perfectamente justa. De todos modos, no sería difícil ir más allá. No sólo procuramos agradar y evitamos desagradar con nuestro comportamiento a quien es objeto de nuestro deseo amoroso. También a nuestros hermanos, amigos, allegados en general. A todos en mayor medida que a nuestros padres.

Y es que nuestros padres, a diferencia de todos los demás, no son contemporáneos nuestros. Los hemos dejado atrás mientras dábamos respuesta a la primera llamada de la vida. Por eso sabemos que no los vamos a perder mientras vivan. Esto no quiere decir naturalmente que no nos importe su mirada sobre nuestros actos y les podamos tratar de cualquier modo. Pero sabemos que su mirada sobre nosotros va a ser siempre más indulgente que la de nuestros contemporáneos. Siempre va a ser más difícil que un padre hable mal de su propio hijo que éste de su propio hermano. Los que caminan al mismo tiempo son más exigentes con sus compañeros de camino que quienes han quedado atrás con los que van por delante.

Los contemporáneos tienden a compararse entre sí para envidiarse o emularse. La comparación es el filo agudo del cuchillo con el que la exigencia puede llegar a romper de un tajo el lazo de sangre o de apego que mantiene unido el corazón a la razón. Se comparan entre sí los hermanos y demás iguales. Nos comparamos con las personas que han alcanzado éxito social. Hasta los padres comparan a sus hijos, unos con otros o con los de otros padres.

10. SOBRE EL MUNDO Y SUS MUNDOS

Al compararnos entre nosotros, los contemporáneos nos convertimos en rivales. *Rivales sunt qui ducunt aquam per eundem rivum,* los rivales son los que sacan del mismo río el agua con la que riega cada cual su propio huerto. No dejan, pues, pasar el agua sin más, como quienes repiten aquello de que "agua pasada no mueve molino". No dejan que *lo* pasado se vaya sedimentando en *el* pasado, en un pasado firme sobre el que podamos hacer pie para sostenernos y seguir adelante.

Lo pasado sigue pasando para los rivales. El agua sigue corriendo para los que riegan sus huertos con el agua del mismo río. El hijo ejemplar no puede sostenerse en el presente sobre el pasado de su hermano porque no ha pasado del todo para él. No es aun *el* pasado sino *lo que ha* pasado. Es agua que mueve molino porque sigue pasando. No ha pasado por entero. No es posible hacer pie sobre las aguas que pasan. Sostienen a flote reteniendo, atrapando en su propia corriente. El hijo ejemplar, mientras se compare con el pródigo, no podrá entrar en la casa paterna. No podrá aceptar la invitación de su padre a tomar parte en la fiesta de bienvenida a su hermano ¡De ninguna manera!

"No ser como esa gente": ¿no son palabras más o menos como éstas bien comunes entre cuantos tratan de expresar el sentimiento de pertenencia a su comunidad? La comunidad proporciona a sus miembros el código preciso para distinguirse y distanciarse de quienes no lo son. Una simple ojeada a las apariencias -la forma de vestir, el color de la piel o el uso de la lengua- es suficiente para detectar la diferencia entre el hijo pródigo y el ejemplar, esto es, el integrado y el excluido.

Acaso el integrado no haya necesitado hacer mayor esfuerzo por integrarse en la sociedad a la que pertenece ¿Qué esfuerzo ha hecho el hijo ejemplar de la parábola para ser lo que es? ¿No ha hecho acaso otra cosa que cumplir con su obligación? Acaso el integrado, aquel a quien su propia sociedad le recuerda sin cesar -sin que ni siquiera él mismo sienta la menor necesidad de recordarlo- que "todo lo mío es tuyo" -las palabras del padre a su hijo ejemplar-, no ha necesitado hacer el esfuerzo que precisa el excluido para integrarse en la sociedad.

El integrado suele nacer en el seno de una familia integrada. El excluido, en cambio, en el seno de una familia desintegrada por sí misma o por razones ajenas a ella: la guerra, la miseria, la enfermedad, el miedo...El problema es que ambos, tanto el que necesita integrarse como el que ya está integrado, son contemporáneos, es decir, rivales. Para el riego de sus propios huertos, necesitan sacar el agua del mismo río.

Si el integrado se viera obligado a repetir el esfuerzo que otros debieron hacer en el pasado para qué él pudiera nacer ya integrado en su sociedad ¡*lo* pasado quedaría definitivamente sedimentado en *el* pasado! Los contemporáneos ya no se mirarían como rivales. El integrado sabría reconocer el esfuerzo del excluido por integrarse. Y el excluido no codiciaría, a su vez, los privilegios del integrado porque ya no serían privilegios de unos pocos sino derechos de todos, naturales y foráneos.

Las administraciones públicas no quedarían sometidas a la inevitable pugna entre los que defienden sus privilegios y los que aspiran a que los privilegios de unos pocos se conviertan en derechos de todos. Integrados y excluidos ya no se mirarían, unos a otros, con recelo. Todos tendrían muy presente, presente en todo momento, que "donde yo estoy mañana puedes estar tú". No hay integrado que no pueda desintegrarse como quien dice "de la noche a la mañana". Por mucho que uno se esfuerce por mantenerse integrado en su sociedad, por muy ejemplar que sea en apariencia, basta un revés para caer en desgracia, en la desgracia de ser contado entre los que no cuentan sino para los profesionales de la salud, del trabajo social, de la reeducación, de la reinserción...

Para tener presente hay que vivir en el presente. Para tener presente que no hay integrado o excluido en sentido absoluto sino relativo es preciso hacer pie en el pasado. El presente es presente, regalo del pasado. Apoyándonos en el pasado es como recibimos el presente. Pero si el pasado no es aun propiamente nuestro porque no ha pasado del todo para nosotros, somos entonces contemporáneos y rivales.

Necesitamos compararnos unos con otros. Vivimos en la comparación incesante: ¡qué otra cosa es la vida social sino una comparación que no conoce límite! En la vida social no parece quedar sitio para otra cosa. La vida social es la respuesta de muchos a la llamada de unos pocos. Todos queremos ser en la vida más o menos lo mismo: personas decentes como el hijo ejemplar de la parábola, personas sanas y felices, realizadas y razonablemente remuneradas en alguna de las actividades profesionales o laborales que componen un limitado abanico de posibilidades en cada sociedad...

La vida social es la respuesta a la primera y esencial llamada de la vida. Es el ámbito donde esa respuesta tiene lugar y es la respuesta misma en la medida que pueden ofrecerla los más ejemplares entre los ejemplares, los más integrados entre los integrados: las personas que han triunfado en la vida, es decir, aquellos con quienes los demás nos comparamos de una manera más o menos consciente y decidida.

El hijo pródigo no es ejemplo de nada. No ha triunfado sino fracasado en la vida. Y la sociedad, como observa Xuan Bello, es más indulgente con el corrupto que con el fracasado: "¿Saben qué no disculpa nuestra sociedad...? El fracaso. Un fracasado no tiene ni siquiera la oportunidad de ser perdonado. El corrupto, en su campo, ha triunfado ¿Quién le quita lo bailado?" (*Incierta historia de la verdad*).

Si esto es así, me pregunto yo entonces cómo es posible que también nos comparemos con los que no son ejemplo de nada. Porque una cosa es compararse con un modelo y otra compararse con alguien que no es modelo de nada. La sociedad no perdona a los fracasados ¡pero necesita de ellos! Para que haya hijos ejemplares ¡tiene que haber hijos pródigos! Para que haya a quien admirar parece que debe haber también a quién despreciar. Para que brille la luz parece absolutamente necesaria la tiniebla. Para que haya día tiene que amanecer primero.

Y yo me vuelvo a preguntar ¿por qué? Tal vez esto es necesario en un mundo lleno de individuos rigurosamente contemporáneos y rivales. Pero un mundo sin pasado, un mundo en el que no paran de pasar cosas mientras se olvidan las que acaban de pasar, es un mundo sin presente, un mundo irreal en el que pasan cosas sin cesar como si no hubiera pasado nada. Un mundo así no puede ofrecer orientación a los individuos porque éstos ni siquiera se pueden poner en pie para recibir el presente y mirar hacia el futuro. En una sociedad que no perdona a sus fracasados, los individuos solo tienen una referencia: la que les permite compararse con los que están arriba y abajo. Con aquellos para admirarlos. Con éstos para despreciarlos.

Pero un mundo así no es el único mundo real. Todos tendemos espontáneamente a creer que nuestro mundo es *el* mundo. El ateísmo, particularmente en sus manifestaciones abiertamente antirreligiosas, ¿no es fruto de esta confusión entre nuestro mundo y *el* mundo? No hay más que lo que conocemos. La ciencia -"nuestra ciencia"- tiene la última palabra. Todas las religiones son totalitarias, esto es, ofrecen una respuesta a la pregunta por el sentido último de todo lo que existe. Y pretenden naturalmente que *su* respuesta sea *la* respuesta. Hasta que la ciencia moderna ha empezado a desmontar todas las respuestas...menos la suya.

Todos tendemos igualmente a creer que nuestra sociedad es *la* sociedad, que la sociedad "está montada así" y no la podremos cambiar por mucho que nos empeñemos. Todos tendemos finalmente a creer que nuestro tiempo es el mejor o el peor de los tiempos conocidos. Nos referimos a los tiempos conocidos de oídas o leídas como si hubiéramos vivido en ellos. En realidad, "nuestro mundo, "nuestra sociedad" o "nuestro tiempo" no son los únicos reales. Son, acaso, los menos reales de todos.

II

En la figura del padre culmina la parábola del hijo pródigo. Su figura proyecta una luz que permite entenderla. El padre es, ante todo, padre. No es contemporáneo de las otras dos figuras que completan la parábola: sus propios hijos. Entre contemporáneos ya sabemos que puede surgir fácilmente la rivalidad porque nadie se compara con sus extemporáneos -vivos o difuntos- tan abiertamente como lo hace con sus contemporáneos.

Pocas conductas hay tan mezquinas como maldecir -"hablar mal de"- a los que no pueden defenderse por estar acaso postrados en una cama o sepultados bajo una losa. Habrán tenido defectos o cometido atropellos inexcusables. El juicio de la historia acaba dejando las cosas y a las personas en su sitio. Su sitio no es *lo* pasado que no acaba de pasar del todo, que sigue dando motivos para la inquietud. Su lugar es *el* pasado firme de la historia, sobre el que cabe levantar nuestro presente.

De la historia aprendemos a promover lo bueno y a evitar lo malo. Con la historia, con los hombres y mujeres que vivieron en otro tiempo, nadie necesita ya pelearse. La piedad más elemental nos mueve a volver un paso atrás no para quedarnos convertidos en estatuas de sal sino para saber hacia dónde queremos ir. El que no sabe de dónde viene no puede saber hacia dónde va. *Historia magistra vitae*, la historia es maestra de la vida, de la venidera sobre todo.

El padre del hijo pródigo y del ejemplar es una figura del pasado. Y lo es en un doble sentido. Porque él mismo no es contemporáneo de sus hijos y porque está dispuesto a perdonarles. Perdonar significa transformar *lo* que ha pasado en *el* pasado, dejar lo pasado sedimentarse en el pasado, allí donde ya no puede dar motivo alguno de inquietud porque nadie se compara con un difunto ni con alguien de otro tiempo.

El padre puede transformar *lo* que ha pasado en *el* pasado porque él mismo pertenece al pasado y lo sabe. Sabe que su lugar en la vida de sus hijos es el pasado. Desde él puede ser padre, "hacer de padre". No siempre "hace de padre" el que lo es, por razones naturales o legales, sino el que puede. Hay padres que quieren serlo, que pretenden "hacer de padres", pero en vano. Quieren ser padres sin querer a sus hijos. Pretenden que se sometan a su autoridad. No buscan humildemente su obediencia. No toleran un no por respuesta.

Castigan a sus hijos, si es preciso, con tal de forzar su asentimiento. Aquí vemos, en cambio, al padre de la parábola escuchar la negativa del hijo ejemplar a su invitación a la fiesta con ocasión del retorno del hijo pródigo. No es una orden sino una invitación. Una invitación puede ser aceptada o rechazada. El padre que quiere a sus hijos más que a sí mismo sabe que su lugar no está entre ellos, mezclado en los azares y quehaceres de sus vidas, sino en el pasado, allí donde sus hijos no pueden llegar porque tienen que vivir su propia vida, su presente.

El pasado da autoridad al padre. Es la distancia temporal la que da autoridad a unas personas sobre otras. Sin distancia temporal, sin la perspectiva necesaria para mirar con calma, sin un pasado firme en el que apoyarse para caminar hacia el futuro desde la incertidumbre del presente, no hay autoridad sino poder, simple poder. Y lo característico del poder es su volubilidad. El padre, directivo o dirigente, sin autoridad dispone hoy una cosa y mañana acaso otra que bien puede contravenir o dejar sin efecto la disposición de ayer. Como vive preocupado por sí mismo, o sea, por no perder su poder, se siente inseguro, a la manera de alguien que no encuentra un punto de apoyo firme donde sostenerse y tomar sus propias decisiones.

Las circunstancias son las que mandan. Mandan los hechos. Manda el presente. Mientras corra el agua bajo sus pies nadie podrá hacer pie en tierra firme. Los tiranos -en democracia o sin ella- son rehenes de las circunstancias según se vayan presentando. Nada temen tanto como perder el control sobre ellas. Necesitan estar enterados de todo lo que pasa a su alrededor. Lo que menos les importa es el significado de lo que pasa. Por eso los tiranos son apenas tolerantes con las personas reflexivas. No les gustan los filósofos, esos hombres y mujeres corrientes que no siguen la corriente de los tiempos -de lo que en cada momento se presenta como actual- y se paran a hacerse preguntas acerca de lo que pasa.

El pasado no solo da autoridad a la figura paterna. Le da también la posibilidad de perdonar. Sólo el que tiene pasado puede dárselo a otros, esto es, transformar *lo* pasado -aun lo que acaba de pasar- en *el* pasado, en un pasado sedimentado y firme sobre el que sostenerse en pie y seguir de frente.

El perdón y la gratitud creo que son dos maneras -ambas en polaridad respectiva- de responder de alguien. Uno responde de otro perdonándole o agradeciendo su presencia, su entrega, su gesto, su vida entera, quizá. Respondemos *a* alguien mientras secundamos la primera llamada de la vida: la del deseo, la del deber o la vocación posible. Y respondemos *de* alguien mientras escuchamos la segunda llamada de la vida, la que no brota de la vida misma sino de aquellos a quienes hemos dejado atrás en la vida, de nuestro pasado.

No respondemos de cualquiera que se pueda presentar de pronto en nuestra vida. Respondemos solo de alguien que lleva tiempo en ella. Allí donde hay pasado firme hay respuesta posible, la del perdón o la de la gratitud. Donde no hay pasado firme, donde parece que las cosas acaban de pasar aunque hayan sucedido hace ya mucho tiempo, no son posibles ni el perdón ni la gratitud. Falta la distancia temporal necesaria para mirar con calma, con la calma dulce de la gratitud, o para recorrerla de regreso como hace el padre de la parábola cuando ve volver de lejos a su hijo.

El perdón y la gratitud son los dos polos de nuestra respuesta a la segunda llamada de la vida, esto es, la que nos mueve a volver o a descender desde la altura de nuestras razones a la humilde realidad de lo que somos, es decir, al corazón. Si, en alas del deseo o del deber, respondemos a la primera llamada de la vida, la que tira de nosotros hacia arriba o hacia adelante, con el peso del perdón o de la gratitud respondemos a la segunda llamada de la vida, la que nos mueve a ser no ya lo que tanto hemos querido ser sino lo que siempre hemos sido.

En el fondo del perdón o de la gratitud descubrimos que siempre hemos querido ser lo que ya éramos, es decir, que el sentido de la primera llamada de la vida no queda claro mientras la secundamos sino después, mucho más tarde, cuando empezamos a escuchar la segunda llamada, que es la definitiva. Aprendemos tarde pero a tiempo que lo que tanto hemos querido ser es lo que siempre hemos sido. La vida es deseo o vocación porque es, en el fondo, responsabilidad: respondemos *a* alguien para acabar teniendo que responder *de* alguien.

La vida es un rodeo para volver al punto de partida, allí donde todo ha empezado. Todo ha empezado por alguien que dejamos atrás. El niño que fuimos solo aparentemente dejamos de serlo. En el fondo del perdón o de la gratitud... allí lo encontramos de nuevo. Nunca se había ido. Fuimos nosotros mismos quienes lo dejamos atrás al ponernos en camino, atraídos o llamados por algo o alguien que tiraba de nosotros hacia arriba o hacia adelante.

Que el perdón y la gratitud son los dos polos de nuestra responsabilidad por los demás significa que cada uno de ellos nos orienta en sentido opuesto. Son orientaciones, direcciones a seguir en nuestra relación con los demás. Hay personas a las que necesitamos perdonar, poco o mucho, tal vez. Hay otras, en cambio, a las que necesitamos agradecer muchas cosas, quizá. Acaso, la primera de ellas, su perdón. Hay personas que nos duelen y otras a quienes dolemos. Hay personas por las que sentimos gratitud y otras que sienten gratitud por nosotros. Y hay personas, en fin, por las que sentimos una mezcla de dolor y de gratitud. Entre los polos respectivos del perdón y la gratitud nos movemos todos a lo largo de la vida.

III

Dar un pasado o un lugar en nuestro pasado: he aquí todo el sentido del perdón y de la gratitud. Dar un pasado es dejar atrás lo que tiene su lugar en el pasado. El que perdona no olvida ni recuerda tampoco cada día. Simplemente aloja en algún lugar de su memoria el recuerdo de la ofensa recibida para que no siga siendo un obstáculo en su relación con el ofensor. Lo que ha pasado queda transformado así en el pasado, discretamente guardado en el acervo de la memoria entre los demás recuerdos que la llenan: como uno más entre ellos.

Ya no es presente aunque pueda estar presente en cualquier momento. La memoria es el juguete de la fantasía y, cuando alguien necesita jugar, corre al baúl de sus recuerdos para buscar allí lo que echa de menos. Los malos recuerdos duermen también en el baúl de los recuerdos. Malos o buenos, todos son recuerdos, al fin y al cabo. Los recuerdos nos acompañan. Vivimos con ellos y, en buena medida, gracias a ellos. Son nuestro punto de apoyo firme para hacer pie y seguir de frente. Sin recuerdos, buenos o malos, seríamos pobres desmemoriados, enfermos de la memoria que no pueden sostenerse por sí mismos.

Cuando los recuerdos no nos acompañan, nos persiguen. No se limitan a aparecer ocasionalmente en nuestra conciencia. No son el juguete caprichoso de nuestra fantasía. Son nuestro presente. Nos impiden perdonar, esto es, dejarlos atrás, en el baúl de los recuerdos. Aunque yo me pregunto si realmente nos impiden perdonar o si no somos nosotros quienes no queremos hacerlo. Si son ellos los que nos persiguen o somos nosotros quienes los perseguimos a ellos, atrapados en un juego perverso que es nuestro propio juego y nuestro propio infierno. No tengo respuesta para esta pregunta.

El ofendido, quien quiera que sea y cualquiera que sea la ofensa recibida, siempre tiene razón. No hay razón tan firme, tan contundente y terminante, como la del ofendido que vive perseguido por sus malos recuerdos ¿Qué podrá responderle todo el que, tratando de moverle al perdón, tenga que escuchar: "¡cómo se nota que esto no te ha pasado a ti!...si te hubieran hecho lo que a mí pensarías de otra manera..."?

El que, con su mejor intención, invita al perdón y a la reconciliación, se acaba sintiendo, entonces, confuso ante las palabras del ofendido: ¿será verdad que me falta empatía, esto es, ponerme en el lugar del ofendido? Y calla. Ya no sabe qué decirle. El perdón necesita tiempo. El ofendido y perseguido por el recuerdo de la ofensa recibida no lo tiene. Sólo tiene presente. Lo que le han hecho se lo siguen haciendo. Lo que le ha pasado, tal vez, hace tiempo, le sigue pasando. El mal deja huella y no es fácil borrar su huella.

Ejemplo del ofendido que no está dispuesto a perdonar es el hijo ejemplar en la parábola del hijo pródigo. No entra, se niega a entrar en la casa paterna durante la celebración de bienvenida a su propio hermano. La parábola termina con este sabor agridulce, entre los que se alegran y los que permanecen ofendidos, lejos de toda alegría posible. El derecho del ofendido a permanecer ofendido el tiempo que quiera parece erigirse en derecho absoluto: el derecho a no perdonar jamás.

Al ofendido le parece que solo un derecho absoluto puede asistirle frente a su ofensor. Si su propio padre parece haberse puesto de parte del ofensor, ¿quién podrá defenderle? El hijo ejemplar olvida, sin embargo, que su padre engrosa la muchedumbre de los ofendidos, y aun con mayor razón que él por haber entregado a su hijo pródigo la parte que le pertenecía en la herencia y haberla dilapidado aquel en cualquier lugar y con cualquier pretexto.

El hijo ofendido se convierte en ofensor de los sentimientos de su propio padre al rechazar su invitación en nombre del supuesto derecho que le asiste a permanecer ofendido. No querer perdonar, ¿es realmente un derecho absoluto que asiste a todos los ofendidos? ¿O no se acaba convirtiendo la negación del perdón en una ofensa contra otra, en la decisión de quien devuelve mal por mal? Un derecho absoluto sobre los demás es un contrasentido. No hay derecho que no sea relativo, esto es, que no haya nacido para construir -o reconstruir- relaciones justas entre los seres humanos. Un derecho que destruye toda relación justa erigiéndose en derecho absoluto es un absoluto contrasentido. Es contra todo derecho.

No es que el perdón sea un derecho, claro está. El que pide perdón no está reclamando el cumplimiento de un derecho que le asiste. Si negar el perdón está muy lejos de ser un derecho absoluto, recibirlo no lo es menos. Si el perdón fuera un derecho, no cabría pedirlo sino exigirlo. Como no lo es ni lo puede ser en absoluto, el perdón es algo que se espera humildemente e inesperadamente se concede.

Cabe preguntarse, no obstante, si no tenemos todos un cierto derecho a dejar atrás lo que necesitamos dejar atrás para seguir adelante. El que perdona da lo que tiene: un lugar en el pasado, un hueco en el baúl de sus recuerdos, para la ofensa recibida, de manera que su relación con el ofensor pueda seguir adelante sin el menor obstáculo. No como si no hubiera pasado nada sino precisamente por lo contrario, porque lo que ha pasado ya ha pasado, ya es pasado sedimentado y suelo firme para hacer pie y seguir de frente.

La cuestión es que este pasado seguro no lo necesita solo el ofendido para seguir adelante y no quedar atrapado en su propio infierno. Lo necesita también el ofensor. El perdón de las ofensas es la reconciliación entre los que las han infligido y los que las han recibido. Si el derecho ha nacido para promover relaciones justas entre los seres humanos, ¿podrá ser ajeno a la reconciliación entre ellos? El perdón y la reconciliación no son un derecho, naturalmente. Pero no son tampoco ajenos al derecho.

El perdón y la reconciliación son algo esperado e inesperado a la vez. La esperanza se lanza como un dardo hacia lo que cabe esperar pero acaba clavado más allá de lo esperado, en la coriácea piel de lo inesperado. El que espera simplemente el cumplimiento de una ley no espera más. Le satisface ver resarcido su derecho vulnerado. El derecho apunta su dardo hacia lo esperado o previsible y su dardo no acaba clavado nunca más allá. La ley cumplida es la justicia satisfecha.

Pero, más allá de la justicia satisfecha, está la justicia perfecta, esto es, el amor. Cuando el hijo pródigo vuelve a casa, lo hace con la esperanza de ser recibido como uno más entre los jornaleros de su padre. Pero será inesperadamente recibido por su padre no ya como jornalero sino como hijo. El perdón es siempre así, mueve a las personas que lo dan o lo reciben más allá de donde esperaban encontrarse. Es inesperado para el que lo da y para el que lo recibe.

El padre no esperaba ver de vuelta a su hijo pródigo: por algo sale corriendo a su encuentro y le colma de abrazos y atenciones. El hijo, a su vez, no esperaba ser tratado sino como un criado más entre cuantos estaban al servicio de su padre. Y he aquí que es inesperadamente recibido como hijo por su propio padre. No como el hijo que ya era antes de abandonar la casa paterna sino como el que no ha dejado de ser después de todo: el de antes y el de ahora son *el mismo* pero no son *lo mismo*. Toda la diferencia la marca el perdón, ese dardo que, una vez lanzado, acaba clavado más allá de cuanto cabía esperar.

Lo inesperado o más allá de lo que cabe esperar no es nada más allá de lo razonable. Es verdad que, como afirma Jankelevitch, el perdón se da sin causa alguna. Hay razones para el arrepentimiento. No las puede haber para el perdón. Si las hubiera, el perdón no sería perdón: sería excusa, gesto de comprensión, intento de justificación, cualquier otra cosa menos perdón. El perdón ha de ser gratuito. No puede ser el fruto de un razonamiento, la conclusión de un raciocinio. Y, sin embargo, esto no significa que quien perdona no necesite un punto de apoyo para lanzar, desde allí, el dardo de su esperanza: un pasado desde el que mirar al porvenir

11. Más sobre el perdón y la gratitud

No hay razones que puedan justificar el perdón. Las razones parecen aliarse todas en su contra. El derecho a no perdonar ni olvidar tiende a erigirse en derecho absoluto, lo cual no deja de ser un absoluto contrasentido porque las leyes no han nacido en la mente del legislador para destruir relaciones justas sino para promoverlas.

Nadie puede apelar a un derecho absoluto sobre la vida de sus semejantes, ni siquiera sobre la de aquellos que le han hecho el peor daño posible. Todo ser humano tiene derecho a un pasado para poder proyectarse desde él hacia el futuro. No hay razón alguna para perdonar porque no la hay tampoco para no hacerlo. Pero esto no significa que el perdón sea tan injustificable como la voluntad de no perdonar jamás. El perdón es libre: uno puede perdonar si quiere. La voluntad de no perdonar no lo es -o lo es menos-. Uno siente que no quiere perdonar porque no puede. El daño causado por el ofensor es tal que ha conseguido remover hasta los cimientos de su libertad.

La voluntad de no perdonar es realmente *noluntad*. Una voluntad que no es libre, dentro de lo humanamente posible en cada circunstancia, ¿no queda mejor designada con el término de "noluntad"? He aquí un nombre ciertamente extraño a nuestros oídos pero de impecable etimología. En la lengua latina había dos verbos para expresar lo que, en la nuestra, se dice con el mismo: el verbo "querer". En latín había un verbo para decir "querer" y otro -derivado de éste pero diferente- para decir "no querer". De esta manera quedaba más clara que entre los hablantes de nuestra propia lengua la diferencia abismal entre el querer y el no querer.

No querer no es simplemente la forma negativa del querer: "querer que no..." A veces sí, pero no siempre. Cada vez que queremos algo sabemos, o deberíamos saber, lo que no queremos. Cualquier afirmación, aún la más simple de todas, es más compleja de lo que parece: implica alguna negación, privación o renuncia. Pero la inversa no es cierta. No toda negación implica una afirmación. Hay negaciones que no implican ninguna. Son el fruto estéril de la noluntad, de esa disposición que manifiestan algunas personas a decir que no con tanta o más facilidad que sí: como si ambas fueran opciones disponibles sobre un mismo plano, como si tuvieran idéntico valor. Decir que no es, en realidad, mucho más fácil que decir que sí. Por eso no hace falta aprender a hacerlo, aunque hoy sean tantos los que piensan lo contrario. La noluntad no es más que una voluntad perezosa, poco dispuesta a complicarse la vida.

En cualquier caso, es preciso romper una lanza en favor de la voluntad de no perdonar. Si bien es cierto que no la ampara un derecho absoluto, también es cierto que la voluntad de no perdonar -ni olvidar- no siempre es mera noluntad ni, por tanto, mera reacción a un mal con otro mal. Dos situaciones muy diferentes se le presentan al ofendido tras recibir la ofensa: la de quien se encuentra con un ofensor que, arrepentido, pide perdón y se compromete a reparar el daño causado y la de quien no encuentra en su ofensor el menor signo de arrepentimiento. No es lo mismo una cosa que la otra.

No es lo mismo negar el perdón a quien ni siquiera lo ha pedido que a quien lo pide con sincero arrepentimiento y propósito de enmienda. Lo primero tiende a erigirse en derecho absoluto con tanto menor escrúpulo cuanto mayor es la excusa que encuentra en la pertinacia del ofensor: pertinacia contra pertinacia. Lo segundo, en cambio, deja solo al ofendido frente a sí mismo, sin la excusa que le habría proporcionado un ofensor pertinaz. Claro que una situación y la otra no son acaso tan alternativas como parece. Acaso la pertinacia del ofensor y la del ofendido se alimentan entre sí.

¿No es acaso la primera razón que nos mueve a pedir perdón nuestra propia esperanza de recibirlo? Nadie pide perdón si no se abre en su interior una grieta por donde pueda penetrar un rayo de aquella luz que es el perdón generosamente concedido al que lo espera. Yo no sé si, en el fondo, el arrepentimiento y la esperanza de ser perdonado son dos cosas diferentes o dos semblantes de la misma cosa. Allí donde hay un ofendido pertinaz, resuelto a no perdonar jamás la ofensa recibida, ¿es arrepentimiento o solo remordimiento lo que puede aparecer en la conciencia de su ofensor? ¿O un remordimiento disfrazado de pertinacia, la propia de quien necesita defenderse de aquel a quien ha ofendido primero?

Nadie pide sin la esperanza de recibir lo que espera. Nadie se acerca sin la esperanza de ser atendido. Nadie siente verdadero respeto por su prójimo si no se siente, a su vez, respetado por él. Del hijo pródigo leemos que, cuando acabó hundido en la miseria, "volvió en sí y se dijo...". Lo que se dijo ya lo sabemos: son las palabras con las que empieza su camino de regreso. Lo que nos gustaría saber es si el hijo pródigo habría vuelto en sí frente un padre inmisericorde, tan inmisericorde como su propio hermano. Sin la esperanza de ser recibido de nuevo en la casa paterna, no creo que el hijo pródigo hubiera vuelto en sí y emprendido el camino del regreso.

El camino del regreso es más difícil que el de la partida. Bajar de las alturas de una vida complicada a una vida sin complicaciones es mucho más difícil que complicarse la vida cuando es aun sencilla y fácil. Responder a la segunda llamada en la vida es mucho menos apasionante que responder a la primera y esencial llamada de la vida. Para responder a ésta basta una llamada interior, una voz o un impulso capaces de movernos hacia arriba o hacia adelante. Para responder a aquella hace falta, en cambio, una llamada exterior, la voz de quienes hemos dejado atrás y son ya nuestro pasado.

El padre representa, para sus hijos, esa figura del pasado que ellos han dejado atrás. Y los hijos son, a su vez, el pasado de sus padres, que los criaron hasta el día en que dejaron de pertenecerles y de llenar su día a día. Sin un gesto que cualquiera pueda percibir con sus sentidos, no hay manera de emprender el segundo camino de la vida, el que desciende al corazón desde las razones más sublimes, los deberes más sagrados y los más nobles anhelos. Es el gesto del hijo pródigo que "vuelve en sí" y emprende el camino del regreso. Y es, sobre todo, el gesto de su padre, que le ve venir de lejos y sale corriendo a su encuentro.

Todo gesto es respuesta a otro. Cada vez que dos personas se cruzan y saludan por la calle, ¿quién saluda primero? No hay primero. Sólo hay respuesta. Cada uno se siente saludado por el otro. Cada uno responde al saludo del otro antes incluso de recibir, en efecto, su saludo. Más que responder *al* saludo, responde *de* él. Se anticipa a saludar porque cuenta con el saludo del otro. Y, con el saludo, llega el encuentro.

Todo encuentro empieza naturalmente con un saludo. El gesto mismo de saludarse entre sí dos personas que se cruzan por la calle es ya un encuentro entre ellas. Una simple sonrisa y una mirada atenta bastan para completar su encuentro. Todo encuentro es, pues, respuesta. Es un gesto respondiendo de otro, un gesto que se anticipa a otro porque ya cuenta de antemano con él.

En la parábola del hijo pródigo lo que sucede entre padre e hijo no es más que un encuentro. El hijo cuenta con la misericordia del padre. El padre, a su vez, cuenta con la miseria del hijo que vuelve avergonzado a casa. Ambos se anticipan entre sí el uno al otro. Ambos tienen la iniciativa: el hijo, volviendo a casa; el padre, corriendo a su encuentro. Ambos han dejado atrás sus propias razones y han bajado a ese lugar común donde todos somos tal como somos: el corazón.

No hay encuentro posible sino en este lugar. El corazón es el lugar del perdón y de la gratitud, esas dos maneras de responder de alguien que son polos respectivos entre sí. Fuera del corazón, siempre habrá razones para no perdonar una ofensa. Siempre las habrá también para no dar las gracias por un bien hecho: "nadie regala nada", se suele repetir, para no tener nada que agradecer.

II

Uno se cansa de pedir, nunca de agradecer: recordar esto importa mucho. Todo cansa en la vida seguramente. Los seres terrenos somos aquellos cuya existencia está marcada por el cambio, como supo ver Aristóteles en el trayecto de su filosofía primera. Tal vez por eso la idea que él mismo se hizo acerca de la divinidad -o de la eternidad- nos resulta tan poco atractiva: Dios es acto puro, esto es, no cambia nunca.

Allí donde no hay cambio, donde la vida sigue siendo igual a sí misma, la gente se aburre. Necesitamos cambiar, renovarnos, ponernos al día, ir con los tiempos. Pero necesitamos también algo en nuestras vidas que no cambie nunca: algo por lo que podamos estar eternamente agradecidos. Necesitamos, pues, tiempo y eternidad, novedad y permanencia.

Si la vida fuera solo tiempo que pasa, efímero presente que hoy florece y mañana se marchita, seríamos nosotros mismos seres insustanciales, juguetes del azar o de la moda: hoy así, mañana quién sabe...Pero si la vida fuera siempre igual, si no hubiera en ella tregua ni mudanza, seríamos nosotros mismos seres demasiado sustanciales, pesados, insufribles, incapaces de dar un solo paso hacia adelante como los que piensan que ya lo saben todo y tienen todo lo que necesitan: "quien a Dios tiene nada le falta".

Necesitamos cambiar para poder permanecer y permanecer para poder cambiar: he aquí, tal vez, la más asombrosa de las paradojas que pueden servir para formular el enigma de nuestra existencia terrena, la única que conocemos por ahora. El perdón representa ese cambio que necesitamos para permanecer. La gratitud representa, a su vez, esa permanencia que necesitamos para cambiar y seguir adelante. Gratitud y perdón son, a mi entender, los dos polos de la responsabilidad -segunda llamada en la vida- que los seres humanos contraemos con nuestros semejantes, si queremos, claro está.

Entre ambos se despliega una gama infinita de grados o matices intermedios. No hay nadie del que nos sintamos tan agradecidos que no haya necesitado o no pueda necesitar, en cualquier momento, un poco de paciencia, excusa o perdón. No hay nadie tan predecible en su conducta, tan igual a sí mismo en cualquier circunstancia, que no pueda tropezar y necesitar nuestra ayuda para levantarse. Tampoco hay nadie tan necesitado de nuestra indulgencia a quien no podamos tener, cuando menos lo esperemos, algo que agradecer; nadie tan pobre o miserable que no no nos pueda aportar nada, nadie que, acaso de la noche a la mañana, no se pueda convertir para nosotros en la última puerta a la que llamar: "no digas nunca: de esta agua no beberé".

Todos necesitamos un pasado para poder levantar nuestro presente sobre él como suelo firme. Y esto significa, en la práctica, que todos necesitamos de todos, incluidos, al menos como posibilidad, aquellos de los que no nos gustaría tener que necesitar. Por eso la responsabilidad es la segunda y definitiva llamada en la vida. La que hace de la primera, la del puro deseo o el puro deber, camino hacia la segunda. La que hace de aquello que nos sentimos llamados a ser en la vida aventura necesaria para llegar a ser lo que somos, lo que nunca hemos dejado de ser. La que hace de nuestras razones más sublimes cumbre no ya desde la que contemplar con indiferencia el mundo entero sino desde la que descender a la realidad del corazón humano, el de uno mismo o el de los demás. La que hace del cambio, connatural a todos los seres terrenos, nuestra manera de ser perfectos: actos impuros, eso sí, mezcla de potencia y acto, pero actos, al fin y al cabo.

El hombre es "la manera finita de ser Dios", escribió Zubiri. Nadie puede vivir "instalado en la gratitud" porque la gratitud es lo más opuesto a toda forma de instalación. Que no se canse uno de estar agradecido -ni de ser comprensivo, indulgente, dispuesto siempre a excusar o perdonar- no significa que pueda vivir instalado en la gratitud. No hay gratitud que cien años dure. Uno puede necesitar, en cualquier momento, aquello mismo que no se cansa de ofrecer a los demás: agradecimiento que no llega, comprensión que falta, perdón que humildemente se espera y aun se mendiga...

Más que a vivir *en* la gratitud, los mortales podemos aspirar a vivir *con* gratitud, con toda la gratitud que nos sea posible. La vida es permanencia porque hay en ella una necesidad de cambiar: siempre la misma es la sensación de aburrimiento. Y es cambio porque hay en ella una necesidad de permanecer: siempre cambiante es la sensación de ansiedad.

No está, pues, a nuestro alcance un estado de gratitud en el que podamos vivir instalados, un cielo en la tierra que no se pueda cubrir de torvos nubarrones en cualquier momento. La gratitud y el perdón son los dos polos de un continuo en el que todos nos movemos: unas veces, con gratitud; otras, con necesidad de perdón. El perdón es como la sombra de la gratitud: no hay sombra sin luz. Y la gratitud es la luz del perdón: no hay luz sin sombra alguna.

El perdón puede concederlo quien ha vivido con gratitud: a mayor gratitud en la vida, mayor es la posibilidad del perdón. La gratitud, a su vez, puede sentirla el que ha sido comprendido y perdonado: a mayor perdón, mayor gratitud. Modelo de gratitud en el evangelio no lo es una persona virtuosa sino una pecadora, aquella que ungió los pies de Jesús y los secó con sus propias lágrimas: "mucho amó aquella a quién mucho se le perdonó". Perdón y gratitud son los dos polos de la responsabilidad que los seres humanos podemos contraer con nuestros semejantes.

La idea de responsabilidad no debería dejar de evocar, en la memoria de los hablantes, su raíz etimológica. Responsabilidad viene de *responder*, es un sustantivo abstracto formado a partir de este verbo. De él han nacido no ya uno sino dos sustantivos: responsabilidad y respuesta. Dos son, a su vez, los regímenes prepositivos del verbo responder: uno puede responder *a* su interlocutor, esto es, darle respuesta, o bien responder *de* alguien, interlocutor o no.

En sentido secundario podemos responder también *de algo*. Pero, cuando respondemos de algo, lo que estamos haciendo es responder de nosotros mismos como sujetos de una acción o depositarios de una confianza. Así, por ejemplo, responde uno mismo del éxito en la misión que le ha sido confiada.

Dos son, pues, los empleos del verbo responder. Y, en esta distinción, sancionada por el uso común entre los hablantes de nuestra lengua, me he fijado yo para proponer, a lo largo de estas páginas, la existencia de dos momentos en la vida muy diferentes entre sí: el primero y esencial, propio de quien *responde a* una llamada, y el segundo y derivado, propio de quien *responde de* aquellos a quienes ha dejado atrás en su respuesta a la primera llamada de la vida. Después de *la respuesta*, de todas las respuestas posibles a la llamada esencial de la vida, viene *la responsabilidad*. Las propias respuestas, no son otra cosa que caminos posibles hacia ese lugar o momento en el que nos sentimos responsables o, en el más genuino sentido, llamados a la responsabilidad.

La idea de responsabilidad no guarda, en la memoria de los hablantes, relación alguna con el gesto de responder. Sin raíz, la responsabilidad se asocia a la idea de obligación o deber. La responsabilidad obliga, ante todo.

117

Por qué obliga nadie se lo pregunta: porque son tus padres o tus hijos, porque es tu propiedad o tu trabajo, porque es tu compromiso o tu deber. La responsabilidad obliga porque obliga. No cabe hacerse preguntas al respecto. Lo único que cabe es ser responsable de aquello o aquellos sobre los que uno tiene la obligación de serlo. Una responsabilidad obligatoria es, pues, una responsabilidad desarraigada, sin contacto alguno con la raíz y la tierra de la que ha brotado y sigue brotando cada vez que alguien siente la necesidad de responder de otros, los dejados inevitablemente atrás por la vida y su llamada primera y esencial. No es ésta, sin embargo, la responsabilidad que me ocupa y apasiona.

12. SOBRE EL DEBER SUPERIOR A TODOS LOS DEBERES

La responsabilidad entendida, sobre todo, como *obligación* moral acaba resultando obligación -obligación pura y dura- más que responsabilidad. La verdadera responsabilidad no obliga como un deber -solo como un deber, aún el más sagrado de los deberes- sino mucho más. Hay algo en la vida que obliga mucho más que el más sagrado de los deberes. Obliga sin obligar, esto es, sin necesidad de nadie cuyo cometido sea velar por el cumplimiento del deber.

Obliga sin que nadie tenga la obligación de recordarle su deber al que debe cumplirlo. Obliga con una fuerza infinitamente superior a la que pueda ejercer una ley escrita y sancionada por la instancia competente. Obliga como solo una palabra no escrita ni sancionada puede obligar a todos los que la escuchan en su corazón: la palabra o el gesto de la gratitud.

La gratitud es la esencia de la responsabilidad. No es un deber más. Es un deber superior a todos los demás. Es el indeciblemente hermoso y frágil deber de la gratitud. "Es de bien nacidos ser agradecidos", sentencia el refranero popular con toda lucidez. Y es que, con la gratitud, nacemos bien porque nacemos del todo, es decir, nacemos al segundo y definitivo momento de la vida, el de la responsabilidad.

El que recibe un don siente que lo recibe gratis, es decir, de una manera totalmente inesperada. Pero el que lo da, como observa Balduin Schwarz en su opúsculo sobre el agradecimiento, siente que *debe* darlo. Todos sentimos la gratitud como un deber superior a cualquier otro. Ninguna ley, ni siquiera una costumbre que acabe teniendo fuerza de ley, puede obligarnos a dar gracias o a dar la gracia suprema del per-dón, esto es, del don por excelencia.

Pero precisamente por eso, porque nadie puede obligarnos a ser agradecidos o indulgentes en nombre de una ley escrita o sancionada por la costumbre, sabemos que *debemos* ser agradecidos o indulgentes. No es que haya razones para serlo. Hay tantas razones para serlo como para no serlo. A todo el que recibe una dádiva se le puede pasar por la cabeza el pensamiento que brota con facilidad de un corazón egoísta: "si me ha hecho este regalo, por algo será...".

119

No importa que el bien recibido sea la gracia suprema del perdón. No hay indulgente que, a los ojos de los demás, no acabe pasando por tonto o por cómplice o consentidor del mismo que le ha ofendido. El mundo, desde que es mundo, se rige por dos leyes no escritas. La primera es la dura ley del trabajo: "nadie regala nada". Y la segunda, la amarga ley del castigo: "el que la hace la paga, antes o después".

Son las dos leyes que ponen límite a la convivencia humana. Por arriba, no hay nada. Sólo puede haber interés egoísta, es decir, lo mismo que cabe encontrar en cualquier acto de comunicación o interacción social. Toda comunicación es, en la práctica, intercambio, según aquel viejo principio que regula la relación de los hombres con sus dioses y de ellos mismos entre sí: *do ut des,* te doy para que me des. Por eso nadie regala nada. Nada llega a nuestras manos como caído del cielo porque no hay cielo. Por arriba, pues, no hay nada.

Y por abajo tampoco. No hay perdón sino castigo para el malhechor. No hay pasado para el que ha hecho pasarlo mal a otro. Lo pasado nunca habrá pasado del todo. Al que ha cumplido condena y ha salido de prisión le miran las personas honradas mientras pasan a su lado diciéndose: "con esa gente mejor no juntarse".

Más allá de los límites marcados por la ley del trabajo y la del castigo no hay futuro posible. El futuro está reservado a los que permanecen honradamente dentro de esos límites: trabajan día y noche, si hace falta, y no hacen nada por lo que puedan merecer castigo. No se meten con nadie. Modelo de las personas honradas es el buen hijo en la parábola del hijo pródigo.

El buen hijo cumple, en su conducta ordinaria, las dos leyes que ponen límite a la convivencia humana: la del trabajo y la del castigo. Por eso no entiende, no puede entender, el sentido de la gratitud y el perdón. Ambos tienen, como trato de mostrar, el mismo sentido: el de dar un pasado al que lo necesita, convirtiendo *lo* pasado en *el* pasado, en un pasado firme sobre el que levantar el futuro.

Allí donde hay pasado puede haber futuro. Allí donde no lo hay, donde lo pasado sigue siendo presente, no puede haber futuro. Esta falta de futuro, este obstáculo que nos impide a los seres humanos cumplir nuestro destino con la responsabilidad debida a quienes hemos dejado atrás en nuestro camino hacia arriba o hacia adelante, tiene la figura del *reproche*.

El reproche es la figura de la falsa superioridad moral en fuerza de la cual negamos el perdón o evitamos la gratitud. El reproche es la figura de quien, encaramado en la cumbre de sus razones, contempla el mundo entero con indiferencia en vez de bajar, desde su altura intelectual y moral, al corazón, en todo semejante el suyo al de los demás. El que se aferra a sus razones no cumple responsablemente su destino. Su camino hacia arriba o hacia adelante, en respuesta a la primera y esencial llamada de la vida, se convierte en una huida hacia arriba o hacia adelante, en una huida irresponsable hacia ninguna parte.

Ésta es la situación del buen hijo al final de la parábola. Reprocha a su propio hermano su mal comportamiento. No está dispuesto a perdonarle. Su hermano será, para siempre, «ese hijo de su padre». Su hermano nunca más será hermano suyo: así haga lo que haga, así vuelva mil veces avergonzado a casa de su padre. Mientras él esté de vuelta en casa, el buen hijo no volverá a pisar la casa común, no volverá a ver a su padre.

El buen hijo se acaba convirtiendo así en el hijo que se va de casa, como había hecho antes su propio hermano. Con una diferencia decisiva respecto de éste: no le veremos volver al hogar. No habrá una fiesta de bienvenida para él. El buen hijo, al negar el perdón a su hermano, se niega a sí mismo el futuro. En adelante seguirá viviendo de su propio resentimiento. Lo pasado nunca acabará siendo pasado para él. La amarga ley del castigo no recae solo, con todo su peso, sobre el malhechor. En su caída aplasta al mismo que la invoca. La justicia proporciona una satisfacción efímera al que la espera con sed de venganza. Cumplida la ley, el que ve castigado a su ofensor recibe el mismo trato que éste: el peso de la ley priva a ambos de todo futuro.

Pero el buen hijo no se detiene en el reproche a su hermano. Un reproche encadena otro. La cadena de reproches empieza siempre con uno, tal vez sin importancia. Después de reprochar a su hermano su mal comportamiento dirige sus dardos a su propio padre. Si a su hermano no le perdona a su padre no le muestra la menor gratitud.

Allí donde la vida moral tiene como eje el cumplimiento del deber parece que no es posible ver *más allá* de todos los deberes, esto es, contemplar el deber superior de la gratitud. El sentido del deber resulta de una evidencia tan deslumbradora que oscurece, con su propio brillo, la dulce claridad de la gratitud. Así le sucede al buen hijo, cuando se niega a entrar en la casa paterna desoyendo los ruegos de su padre.

Él siempre ha cumplido con sus obligaciones: "jamás ha desoído un solo mandato de su padre". Pues bien, el mismo que nunca ha desoído un solo mandato de su padre desoye ahora su invitación a entrar en casa y tomar parte en la fiesta de bienvenida a su hermano. El mismo que ha hecho lo más difícil durante tantos años se niega a hacer ahora lo más fácil, lo que ni siquiera es un mandato sino una invitación ¿Cómo es esto posible?

Es posible porque la ley del trabajo es dura para todos. Nadie se libra de ella porque, como reza la máxima que le sirve de fórmula, "nadie regala nada". Por eso, el hijo ejemplar ha podido tolerar -y acaso comprender- que, durante tantos años, su padre ni siquiera le haya dado un cabrito para festejar con sus amigos. Pero lo que no puede tolerar -ni comprender, por tanto- es que sacrifique el ternero cebado en honor de su hermano: las leyes o son iguales para todos o no son justas.

II

La parábola del hijo pródigo no tiene, por decirlo así, un final feliz. En alguna versión cinematográfica de esta parábola el buen hijo acaba venturosamente reconciliado con su hermano. El cine reduce, en este caso, la parábola a un relato de final feliz, que es todo lo contrario de lo que ninguna parábola puede ofrecer.

Ninguna parábola de Cristo es un relato con final feliz. No pretenden moralizar las parábolas que nos han transmitido los cuatro evangelios. No se trata de ofrecer, en ellas, una enseñanza moral. Se trata de provocar, en sus oyentes o lectores, la segunda llamada que podemos escuchar en la vida: la llamada a la responsabilidad, aquella cuyo contenido esencial es la gratitud.

Que los dos polos de la responsabilidad sean la gratitud y el perdón significa que solo una persona verdaderamente agradecida es capaz de perdonar o de pedir perdón y solo una persona verdaderamente dispuesta a perdonar es capaz de agradecer el perdón recibido entre tantos dones posibles.

Una persona proclive a desconfiar de las razones que puedan mover a alguien a dar gratis, sin interés propio, difícilmente será capaz de perdonar a quien le haya infligido alguna ofensa, llegado el caso. El perdón viene a ser, lo he sugerido ya, como la sombra de la gratitud. Y ésta, a su vez, la luz del perdón. La luz y la sombra son los dos polos de una misma realidad, vista respectivamente desde uno de ellos.

El padre de la parábola no es sólo el que perdona a su hijo pródigo. Es también el que agradece a su hijo ejemplar haber permanecido siempre a su lado: ¡lástima que éste no quiera verlo! En este mundo, el que no está dispuesto a dar algo gratis, el que ni siquiera cree posible dar nada gratis, el que piensa de todo favor o beneficio que no es sino una apariencia de tal, ¿estará dispuesto a recibir eso mismo que él cree solo una apariencia de dadivosidad o un simulacro de generosidad tras el que se esconde y agazapa un espíritu mezquino, un ser movido únicamente por intereses egoístas? ¡En absoluto!

El que no sabe dar no sabe tampoco recibir. El que no quiere perdonar tampoco acepta la humillante limosna del perdón. Por eso el buen hijo es incapaz de percibir la menor gratitud en aquellas palabras que su padre le dirige: "tú estás siempre conmigo y todo lo mío es tuyo...". Es tan incapaz de percibir en estas palabras gratitud alguna como de corresponder a ella. El reproche es, en su ánimo, como una piedra de aluvión que obstruye el cauce de aquel río por donde baja de la razón al corazón el agua limpia de una vida no tan entregada a grandes causas como sencillamente agradecida.

El que ha entregado su vida al trabajo en la casa paterna no reconoce otra ley que la del trabajo. Y, con la del trabajo, la del castigo, que es como su hermana gemela. Las personas que han entregado su vida, con enorme sacrificio acaso, no siempre son las más agradecidas y dispuestas al don y al perdón. A veces, son tan duras consigo mismas como exigentes con los demás. No han escuchado en su corazón la segunda llamada que en toda vida sucede a la primera. No han alcanzado el momento de la responsabilidad.

En el padre de la parábola son realmente indistinguibles el perdón y la gratitud: ¡todo es don! Cuando, en vez de pararse a escuchar las palabras de su hijo pródigo en busca de perdón, esas palabras con las que muestra su arrepentimiento y disposición a ser ya no hijo sino uno más de sus jornaleros, el padre ordena a los criados que le traigan a su hijo el mejor vestido para su cuerpo, seguramente cubierto de harapos, un anillo para sus manos, seguramente embrutecidas por la miseria, y unas sandalias para sus pies, seguramente llagados y sucios con el polvo del camino, ¿le está perdonando la vida o se la está agradeciendo?

El perdón ocupa su lugar natural después del arrepentimiento y de la propia petición de perdón. El hijo pródigo cumple, en efecto, con este orden natural de las cosas. Es su padre quien invierte el orden natural cuando sale corriendo al encuentro de su hijo tan pronto como lo ve venir de lejos y cuando le abraza y cubre de besos antes de que él pueda pronunciar una sola palabra de arrepentimiento: "padre, he pecado contra el cielo y contra ti, ya no merezco llamarme hijo tuyo".

El padre misericordiosamente agradecido o agradecidamente misericordioso expresa de este modo, antes con gestos que con palabras, el orden sobrenatural de la gracia, siglos más tarde formulado por San Agustín con el lenguaje de la teología: *non redditur meritis sed gratis datur*, la gracia no es la recompensa a unos méritos previamente adquiridos, es el don que se entrega a quien no se lo merece.

Pero el hijo ejemplar no puede comprender el gesto de su padre. No puede entender lo que significa este gesto el que ha enmarcado su propia manera de vivir entre los límites fijados por la ley del trabajo y la del castigo. El gesto de la gracia no rompe estos límites. El hombre que da, incluso el perdón, o agradece el don recibido no deja de someterse a la ley del trabajo y a la del castigo, llegado el caso. Trabaja duro como el que más y, si llega a cometer algún delito, cumple la amarga condena que un juez le haya impuesto. El hombre agradecido e indulgente con los demás es exigente consigo mismo: más que con los demás, porque los conoce menos.

Respeta los límites de la convivencia, fijados por las leyes del trabajo y el castigo. No los rompe pero los supera. La gracia no rompe límite alguno. Simplemente lo rebasa. Lo rebasa por rebosamiento. Por eso habla San Pablo acerca del amor en términos de rebosamiento: "el amor de Dios que se ha derramado en nuestros corazones por el Espíritu Santo que se nos ha dado". Lo característico del don es eso, que se derrama o rebosa. Nuestra lengua dice, por cierto, la gratitud en plural: "gracias" es la respuesta agradecida. De pedir nos cansamos, de agradecer nunca.

Por algo la gratitud es el camino más seguro hacia la experiencia religiosa: no tanto la necesidad del que pide como la gratitud del que recibe. Por la necesidad se puede llegar a la gratitud pero también se puede quedar uno rezagado en el mero interés del *do ut des,* te doy para que me des, hoy por ti y mañana por mí. No todas las personas religiosas son personas verdaderamente agradecidas. En cambio, las personas verdaderamente agradecidas suelen ser personas religiosas. Y, si no lo son, merecen serlo: si hay cielo, lo tienen ganado. Todo lo merece el que nada cree merecer.

Los límites fijados a la convivencia por las leyes del trabajo y del castigo son los mismos que marcan la diferencia entre los dos momentos de la vida humana: el de la llamada esencial de la vida y el de la responsabilidad para con aquellos que hemos dejado atrás en nuestra respuesta a la llamada esencial de la vida. Más allá de este primer momento ya no tienen efecto las leyes de la convivencia: ni la dura ley del trabajo por arriba ni la amarga ley del castigo por abajo. Para el justo no hay ley porque el amor es, como proclama San Pablo, "la plenitud de la ley".

Si la responsabilidad es, en esencia, gratitud, no cabe sentir entonces, como una pesada carga, ni el cansancio del trabajo ni el temor al castigo allí donde hay verdadera gratitud. Pero, para alcanzar este momento, es necesario cumplir las dos leyes que nos recuerdan a todos los límites de la convivencia. Para descubrir el deber superior a todos los deberes, el deber no escrito ni sancionado, es preciso cumplir cada día los deberes ordinarios, delimitados por las dos leyes básicas.

Por eso proclamar el deber universal de la gratitud no significa descuidar los deberes particulares y ordinarios que nos mueven a trabajar y a evitar el justo castigo por cualquier injusticia que podamos cometer. Bien al contrario, son precisamente estos deberes bien cumplidos los que nos dejan frente a interrogantes poderosos: ¿será verdad que nadie regala nada? ¿De dónde saca uno las fuerzas para trabajar y la posibilidad de hacerlo? ¿O de dónde también la fuerza para pedir el perdón o para darlo?

13. Sobre la dulzura del bien

El primer movimiento de la vida deja frente a ciertas preguntas no a todo el mundo sino solo a quienes tienen el coraje de enfrentarse a sus propias respuestas. Tal vez este coraje no sea tanto coraje. Tal vez sea el aliento de la gratitud que uno siente hacia aquel a quien le debe algo, hacia aquel de quien siente que debe responder.

La gratitud es la esencia de la responsabilidad y ésta, a su vez, no es más que el movimiento de la gratitud misma: el gesto de un hombre que responde de otro desinteresadamente. Para que pueda llegar este momento, hace falta *algo más* que para emprender el primer movimiento de la vida. Si, para escuchar la llamada de la vida misma, bastaba con la propia llamada, esto es, con alguien o algo tirando del corazón hacia arriba o hacia adelante, para escuchar la llamada a la responsabilidad no basta con la sola llamada.

Hace falta una voz que pueda sonar, desde fuera de uno mismo, a los oídos del que escucha. Porque una cosa es oír, otra escuchar. Y una cosa es ver, otra mirar. El hijo ejemplar vio a su padre acercarse a él y oyó su invitación a entrar en casa. Pero ni miró su rostro ni escuchó su voz. Se negó a entrar en casa para celebrar la fiesta de bienvenida a su hermano. No llegó, pues, al segundo momento de la vida, al movimiento que suscita una llamada a la responsabilidad. No tuvo el valor de enfrentarse a sus propias respuestas, a esas respuestas que la vida misma parece ofrecer a todo el mundo y que todo el mundo acaba convirtiendo en máxima universal: "nadie regala nada" y "el que la hace la paga".

El hijo pródigo, en cambio, sí que tuvo el valor de enfrentarse a sus propias respuestas, convertidas en máxima universal por todo el mundo. Semejante valor no es simplemente valor, como ya he apuntado. No es el valor que brota de uno mismo sino el aliento que uno mismo recibe de los demás. Porque, así como la respuesta a la primera llamada de la vida es tan personal como lo es, en efecto, la propia llamada, la responsabilidad que suscita esta segunda llamada es *mucho más personal* que la llamada misma.

La llamada, en sí misma, no lo es. Viene del exterior. La vida es, en su primer momento, un movimiento desde dentro hacia fuera: siempre hacia arriba, siempre hacia adelante, siempre a la zaga de unas razones que parecen tirar del corazón hasta romperlo, si hace falta. Pero, en un segundo momento, la vida es el movimiento inverso: desde fuera hacia dentro, desde las razones que han tirado del corazón -que se le han dado al corazón para que tire él mismo- hasta el corazón mismo, a veces abandonado y roto por el empeño de la razón y el sacrificio de los sentimientos.

Así vuelve a casa el hijo pródigo, con el corazón abandonado y roto por las razones que un día encontró para dejar el hogar en busca de una vida enteramente suya o enteramente libre. Pero no vuelve simplemente como un hombre que, armado de valor y tragándose el orgullo, decide volver a casa. Vuelve como el hombre que escucha la voz de su padre y mira su rostro transfigurado por la alegría de haber recobrado al hijo que creía perdido. Su valor no brota de sí mismo. Viene del exterior. Es la voz y la presencia de su padre lo que despierta en su interior *el sentido de la responsabilidad*.

Julián Marías sugiere, en algún lugar de su extensa obra, que el rostro de un ser humano nunca se puede o se deja ver del todo: es como una fuente que mana sin cesar. Lo que Marías refiere al rostro humano ¿no se podría extender, en alguna medida, al resto del cuerpo, al conjunto unitario de la presencia humana? ¿Y, muy en particular, a la voz?

La voz es tan corpórea como el propio cuerpo pero, a diferencia de éste, es invisible. Sería, pues, la voz, como el rostro audible de un ser humano. Y el propio rostro, a su vez, como la voz visible de cada uno de nosotros. Escuchar y mirar son dos hábitos que los seres humanos adquirimos a la vez, tan pronto como llegamos al segundo momento de nuestra vida. Hasta este momento no sabemos mirar ni escuchar porque no necesitamos hacerlo.

El primer momento de la vida es, como vengo señalando, un movimiento hacia fuera: necesitamos ver y oír, tener bien abiertos los ojos y los oídos para adquirir experiencias y conocimientos nuevos. Solo el segundo momento de la vida, con su movimiento de fuera hacia dentro, nos vuelve capaces de mirar y escuchar. Necesitamos mirar y escuchar a los que hemos dejado atrás en un primer momento. Ni los ojos ven ni los oídos oyen otra cosa que lo que tienen a la vista o al alcance del oído, lo que los impulsa a seguir siempre hacia adelante o hacia arriba. El hijo pródigo mira y escucha lo que su hermano solo puede ver y oír porque no ha adquirido los hábitos propios del segundo momento de la vida.

Lo que los oídos testifican cuando empiezan a escuchar y declaran los ojos cuando empiezan a mirar es que el bien, a diferencia del mal, es *algo que sucede* a través del que lo hace y del que lo recibe. El bien traspasa todo límite sin romperlo, dejándolo intacto. Por eso el bien no reconoce otra ley que la de la gratitud y el perdón: la ley no escrita ni sancionada que se alza por encima de todas las leyes escritas y sancionadas.

El hombre agradecido o dispuesto al perdón cumple las leyes de la vida humana, la del castigo y la del trabajo, de una manera paradójica: sin el agobio del trabajo ni el temor al castigo. Sabe, por experiencia, que el mal es algo que se hace -que alguien hace o algo causa- y el bien, en cambio, algo que sucede.

Aun cuando el bien pueda hacerlo alguien con nombre y rostro reconocibles para el que lo recibe, pasa a través de ambos: del que lo hace y del que lo recibe. El que lo hace siente que debe hacerlo. Está en sus manos porque ha llegado a ellas en forma de ocasión acaso irrepetible: no enseñan los libros sino *las ocasiones,* podemos leer entre los pensamientos del sabio Epícteto. Y el que lo recibe, a su vez, siente que no hay razón alguna por la que deba recibirlo.

El don del que lo hace y del que lo recibe es enteramente corpóreo: como el cuerpo mismo, no se puede ver nunca del todo, se derrama desde las manos del que da sobre las del que recibe. Y no se queda en éstas: en forma de incansable gratitud se sigue derramando hacia los demás. Nadie como una persona agradecida está dispuesta a dar y a perdonar. Por desgracia, el mundo *parece* estar lleno de personas desagradecidas...

Pero que el mal se haga, que necesite de algo o de alguien que lo cause, le da una perturbadora ventaja sobre el bien. A diferencia de éste, que sucede a veces sin que nadie sepa cómo ni por qué, el mal "nace", por decirlo así, en las manos del que lo hace. No llega a ellas como el bien, que es fruto de un deber por encima de todos los deberes. *Nace* en ellas.

El mal es algo que disfruta haciendo el que lo hace: es su oportunidad, su venganza, su castigo, su reacción al daño recibido con otro peor o, al menos, equivalente. *Ojo por ojo, diente por diente.* El que la hace la paga. Haciendo daño al que nos ha hecho daño nos sentimos libres, sentimos que nos estamos liberando del baldón impuesto por nuestro agresor mientras nos defendemos de él con la debida proporción o sin ella. Resulta muy difícil oponer una defensa proporcional a la ofensa recibida porque el placer de la venganza que tenemos por justa y necesaria es demasiado intenso. Por eso lo normal es ser el primero en golpear. No hay mejor defensa que una buena ofensiva. Ya habrá tiempo para justificarla…

Es lo que hace el hijo ejemplar. Se queda a la puerta de su casa mientras su padre le invita a entrar en vano. El buen hijo sabe lo que no quiere. No quiere ver a su hermano. Su negativa es su venganza, justa y necesaria. Su hermano no merece otra cosa: él se lo ha buscado, el que la hace la paga. Y su padre, después de todo, no merece mejor trato: en tantos años como ha estado a su servicio, nunca le ha ofrecido un cabrito para comérselo con sus amigos y ahora mata el ternero cebado en honor de quien se ha comido los bienes paternos con malas mujeres.

El mal se apodera de las energías que necesitamos todos para hacer nuestra vida. "Hacer cada uno su vida": he aquí la expresión coloquial que apunta hacia el primer momento o movimiento de la vida misma. Respondemos a la llamada de la vida haciéndola nuestra, haciendo lo que queremos, podemos o debemos hacer. El problema es que el mal es también algo que hacemos, a la vez que la vida misma.

Hacemos el mal mientras hacemos nuestra vida, cada uno la suya. Las energías que necesitamos para hacer nuestra vida son las mismas que empleamos para hacerla mal, para hacer el mal o, con una expresión común, para "hacer daño". Por eso, de alguien que brilla por su bondad no solemos extendernos en el relato de sus buenas obras. Decimos, a veces, simplemente que "nunca ha hecho daño a nadie".

Parece poco, sin embargo, decir algo así: quien no ha hecho nada malo acaso tampoco haya hecho nada bueno. Pero otro ejemplo tomado, en este caso, del habla común entre la gente de mi tierra puede acabar de llevarnos por la buena dirección. De la misa he oído decir muchas veces aquello de que "mal non fai". No le hace daño a nadie ir a misa ¿Significa esto que la misa es una práctica religiosa de valor más bien escaso para quienes menos la frecuentan?

A mí me parece que ni una persona incapaz de hacer daño a los demás ni la propia práctica religiosa gozan de tan poca estima entre quienes se refieren a ellas con expresiones como las antedichas. No hacer daño no es cualquier cosa. No hacer daño es mucho decir porque no hacer daño es mucho más difícil de lo que parece. No estamos aquí ante una expresión de sentido puramente negativo.

No hacer daño, en sentido moral, significa no querer hacerlo. Y la mejor manera de no querer hacer daño a los demás parece que es querer hacerles algún bien. El que no busca el bien de su prójimo difícilmente podrá dejar de hacerle daño. El problema es que no sólo hay daño en la obra hecha con intención de hacer daño. Lo hay también en la obra hecha sin intención de hacer daño alguno, en la hecha con la intención de hacer algún bien y en la que, planeada con la mejor intención, no se ha llevado a cabo finalmente.

Así pues, dañosa puede ser la consecuencia, naturalmente indeseada, de cualquier acción, aun de la llevada a cabo con la mejor intención. Y de la no llevada a cabo, cabe sacar la misma conclusión. Si hacemos algo por los demás podemos acabar metiendo la pata. Y, si no hacemos nada por ellos, también. Nada hay tan difícil en la vida como ayudar a quien, aun necesitando nuestra ayuda, no la busca ni la acepta.

Donde haya un ser humano haciendo su vida e intentando ayudar a otros a hacer la suya, puede entrar el mal por la ventana mientras se echa por la puerta. El mal es el pecado original de todos los seres humanos: desde que nacemos no buscamos otra cosa que hacer nuestra vida, responder al primer y esencial movimiento de la vida misma. Por eso el bien no puede ser algo que hagamos propiamente nosotros.

Nada más opuesto a un buen hijo que un mal hijo. Nada más opuesto al hijo ejemplar que el hijo pródigo. Sus caminos son absolutamente divergentes. Uno hace su vida quedándose en casa, al frente de la hacienda paterna. El otro, en cambio, hace la suya dilapidando los bienes paternos en un país lejano. Ambos hacen su vida, pues. Por eso ninguno de los dos consigue evitar el mal.

El pródigo hace daño a su padre desde el primer momento: le reclama en vida lo que le está reservado como parte en la herencia. Reclamar significa tomar distancia de quien espera nuestra presencia. Exigir significa abortar la esperanza de recibir como un don lo que se reclama como un derecho. No espera el hijo pródigo su momento. Lo hace presente. Y, una vez llegado, alarga aún más la distancia que él mismo ha interpuesto frente a su propio padre: se va de casa rumbo a un país cuyo nombre ni siquiera conocen los suyos.

En cuanto al hijo ejemplar, podemos reconocer el daño que le hace también a su padre. Si el pródigo al principio, éste al final. Precisamente cuando es mayor el gozo de su padre, cuando su hijo perdido ha reparado el daño por él mismo causado en un primer momento, el hijo ejemplar se niega a entrar en casa y a participar en el gozo de su padre y de todos. En vez de gozo, lo único que hay en su corazón es amargura, porque amarga es la ley en fuerza de la cual "el que la hace la paga". En conclusión, haciendo cada hijo -cada uno de nosotros- esa vida que es respuesta a la primera llamada de la vida misma, nadie es capaz de evitar el mal.

Por eso el bien no puede ser obra de nadie. El bien ha de suceder en la vida del que lo hace así como en la del que lo recibe. Esta distinción entre el *hacerse* y el *suceder*, referida al bien y al mal respectivamente, creo encontrarla a la vista en la experiencia común. Cada vez que nos sucede algo malo nos preguntamos por su causa: quién lo ha hecho o qué lo ha causado. Necesitamos encontrar la causa o el causante -responsable o culpable- del daño sufrido.

Pero, cuando nos sucede algo bueno, nuestro comportamiento es totalmente diferente: nos alegramos del bien recibido. Y, en la alegría por el bien recibido, perdemos la inquietud que nos mueve a preguntarnos por la causa o el causante del bien hecho. El mal inquieta, es decir, despierta la pregunta por la causa o el causante del mal hecho. El bien, en cambio, no inquieta sino aquieta, contenta, alegra.

El bien revierte hacia sí mismo las energías del que lo hace o lo recibe. El premio, tanto para quien hace el bien como para quien lo recibe, es el bien mismo: lo bueno que es hacer el bien o recibirlo, tanto da. El bien es, pues, algo que sucede entre los benefactores y los beneficiados. Por eso el bien, en lugar de suscitar la pregunta por la causa, lo que suscita es la expectativa de la gratitud.

El bienhechor la espera. Y, si la gratitud no llega, el bien habrá sucedido ya, de todos modos. La pregunta por la causa o el causante del mal es mucho más acuciante que la expectativa de la gratitud. Y ello se debe a que el propio bien sucede, de manera inmediata, en la vida del que lo hace. El bienhechor encuentra su contento en el bien hecho. Su expectativa de gratitud, si queda defraudada, no podrá, en modo alguno, defraudar el bien que ha sucedido ya en su propia vida.

El ejemplo del padre en la parábola del hijo pródigo es elocuente al respecto. No se queda esperando ni la gratitud ni el arrepentimiento de su hijo perdido. Es tan grande el bien que sucede en su vida cuando ve llegar de lejos al hijo de sus entrañas que lo de menos es la palabra del recién llegado. Antes de que éste pueda abrir la boca para decir su palabra, ya se ve entre los brazos y los besos de su padre.

El mal es malo porque inquieta y desencadena un bronco torrente de sospechas y preguntas: cómo ha podido ser, si no se podía haber evitado, quién es el culpable, quien está detrás...El bien, en cambio, es bueno porque aquieta y remansa el torrente de las preguntas y sospechas que el mal desencadena en nuestra vida a cada paso y multiplica nuestro sufrimiento: al producido por el mal mismo se agrega el producido por nosotros mismos al hacerle frente con ansiedad.

El bien es bueno porque nos trae la calma que necesitamos para defendernos del mal sin angustia ni precipitación, de una manera reflexiva. La reflexión no es otra cosa que el contento de la razón reconciliada con el corazón, de la razón que vuelve o baja allí donde han quedado aquellos seres de sus entrañas que una vez dejara atrás en su respuesta a la primera llamada de la vida: siempre hacia arriba, siempre hacia adelante...El hijo pródigo reflexiona y vuelve a casa. Vuelve avergonzado pero, entre los brazos de su padre, solo puede encontrar su contento. El padre, a su vez, abraza a su hijo como quien reflexiona, esto es, como quien vuelve a sí, poniendo frente a frente razón y corazón.

II

Donde nadie hace nada no puede suceder tampoco nada bueno. Parece obvio que, para que suceda algo bueno, alguien tiene que hacerlo. Y, sin embargo, hay dos maneras muy diferentes de no hacer nada. Hay quien no hace nada ni deja que nadie haga nada: es lo habitual entre las personas envidiosas del bien ajeno. Y hay también quien no hace nada pero deja que otros hagan algo: es lo propio de las personas sensibles al bien ajeno.

Dejar hacer es una manera de actuar que está al alcance no solo de quienes hacen lo que pueden sino también de quienes no lo hacen y aun de quienes no hacen absolutamente nada. Por eso el bien puede llegar a suceder incluso allí donde nadie hace nada. Basta con que alguien *deje hacer* a otro. El bien solo necesita eso: una oportunidad. En esto se diferencia radicalmente el bien del mal en sentido moral.

El mal necesita nuestras energías. Se apodera de ellas hasta el punto de llevarnos a la convicción de que nadie regala nada. El que piensa que nadie regala nada ¿a quién le va a regalar algo?, ¿con quién tendrá una atención o un gesto de agradecimiento? Dar o per-donar serán, para él, actos sin sentido porque, si algo bueno le ha pasado en la vida, habrá sido en premio a su propio esfuerzo. El bien, en cambio, no necesita más que su oportunidad. Si la tiene, sucede. Por eso la obra del bien por excelencia no consiste en hacer nada sino en dejar hacer a otros, en darles su oportunidad, en el don mismo.

¡Cuántas vidas perdidas por falta de oportunidades! Pensar que algo tan pequeño como una oportunidad atesora la virtud de engrandecer una vida impresiona. Por desgracia, parecen faltar muchas más oportunidades en este mundo que vidas en busca de una oportunidad. Faltan personas dispuestas a dárselas a quienes las necesitan. Falta más generosidad que gratitud. Muchos lamentan que el mundo esté lleno de personas desagradecidas. Pero, los que así piensan ¿han dado a alguien una sola oportunidad en su vida?

Todo el que da algo sin esperar nada a cambio experimenta, en el acto mismo de dar, la alegría del bien. No cabe, en tanta alegría, reproche alguno a las personas desagradecidas. Todo reproche es como una puerta cerrada a cal y canto entre quien profiere el reproche y quien lo recibe. Ya no podrá haber bien alguno entre ambos. Su comunicación queda rota sin remedio. Es muy difícil levantar la losa del reproche una vez que ha aplastado a su destinatario. Tal vez solo una oportunidad podría conseguirlo.

Pero quien tiene el vicio de reprochar a los demás lo que no se reprocha a sí mismo es un fiel cumplidor de las leyes que limitan la convivencia humana: la del trabajo y la del castigo. Gratitud y perdón quedan, para él, enteramente al margen de la ley. El hijo ejemplar en la parábola evangélica es uno de estos fieles cumplidores de la ley. Los reproches que dirige a su hermano y a su padre son expresión de su fidelidad. Todo el que cumple la ley tiene la razón de su parte. Y todo el que cree que tiene la ley o la razón de su parte no necesita ya tener corazón.

He aquí el drama moral de nuestra cultura: que aspiramos a tener razón mucho más que a tener corazón. Nuestra vida queda así fallida en esa aparente plenitud a la que nos conduce el primer movimiento del que tenemos conciencia desde bien pronto: el deseo o el deber de hacer nuestra propia vida, respondiendo a una llamada que tira de nosotros siempre hacia arriba, siempre hacia adelante. Tira tanto de nosotros que puede acabar rompiendo nuestro corazón, dejándolo atrás como un juguete roto y olvidado.

El hombre que cree tener la razón o la ley de su parte no cree necesario volver sobre sus pasos y pararse a recoger los fragmentos de su corazón roto para recomponerlo y devolverlo a la vida. El hombre que ha entregado su vida en respuesta a la llamada de alguien o de algo más grande que él se cree en posesión de sí mismo y nada echa de menos. Ha cumplido con las dos leyes que limitan la convivencia humana: ha trabajado duro toda su vida y no ha hecho nada por lo que merezca castigo. Por eso, cuando oye la voz del que le llama a volver sobre sus pasos o a bajar a su corazón, no la escucha. No quiere saber nada de aquellos que ha dejado atrás en su respuesta a la primera y esencial llamada de la vida.

En realidad, él no reconoce otra llamada que ésta. Vivir, para él, es hacer su vida: absolutamente nada más. El buen hijo, el hijo ejemplar en la parábola evangélica, oye la voz de su padre -voz en la que resuena también la de su hermano- pero no la escucha. Tiene que hacer su vida. La vida, para él, es respuesta a una llamada vital. No asume responsabilidad alguna hacia quienes ha dejado atrás. Nada les debe. El buen hijo ignora así el deber que se alza por encima de todos los deberes: el que vincula el perdón a la gratitud, el de la gratitud misma.

¡Todo es gracia! Los santos proclaman que todo es gracia, esto es, que todo el bien que hay en este mundo lo hay porque ha sucedido: ha aparecido en él sin que nadie sienta la menor necesidad de explicar por qué. Sucede tanto el que hacen ellos mismos como el que hacen incluso quienes son tenidos por malas personas ¡También una mala persona puede hacer cosas buenas o dejar que otros las hagan! ¡También en el desierto puede aparecer un oasis inesperadamente a la vista del que lleva muchas jornadas caminando por senderos sin fin!

El bien sucede y, cuando sucede, nos trae tanto contento que olvidamos, al menos por un momento, las preguntas que suscita la presencia del mal en nuestras vidas. Dejamos de hacernos preguntas por la causa o el causante de nuestros males mientras celebramos el acontecimiento del bien, la aparición de un oasis en mitad de nuestro desierto.

Hasta la expectativa de la gratitud, cuando el bien ha pasado de nuestras manos a otras, resulta menos acuciante. Tanto menos como el propio deber de gratitud, cuando el bien ha pasado de otras manos a las nuestras. Por eso la gratitud es deber, porque no apremia como sí lo hacen todas las leyes escritas y sancionadas. Obliga sin apremio. Alcanza, sin el rodeo de la letra escrita, la conciencia de las personas agraciadas por allí donde es más sensible y silenciosa: por su corazón. Todo es gracia, en efecto, pero no todo es gratitud.

El problema es que, si no todo es gratitud, el propio carácter universal y gratuito de la gracia queda en entredicho. Quiero decir que el bien es bueno para el que sabe reconocerlo. La gracia es gracia para el agradecido. Para los demás lo bueno, lejos de ser gracia, es mérito. Es lo que merece que les pase a las buenas personas. Es el premio a su bondad, la recompensa a su entrega, la respuesta a su sacrificio. Claro que a las buenas personas no siempre les pasan cosas buenas: ¡nada más lejos de la realidad!

Muchas veces las cosas buenas les pasan a las malas personas y las malas a las buenas. Los premios y los castigos previstos por las dos leyes que limitan la convivencia parecen recaer entre los mortales de una manera aleatoria. "Dios -o la vida- no es justo, a veces", oímos decir todos de vez en cuando. Por eso me parece que la proclamación unánime de los santos y de las personas bondadosas acerca de la gracia y del bien -todo es gracia, todo es para nuestro bien...- es válida solo para ellos. Todo es gracia para las personas agradecidas. Para los demás, para el común de los mortales que no siempre somos agradecidos ni sabemos reconocer el bien más allá del mal, hay gracia y hay cruz.

Dietrich Von Hildebrand, en su opúsculo sobre la gratitud, se esfuerza en distinguir ambas cosas. No todo es lo mismo en la vida humana. No todo vale. No todo es gracia. No todo es recibir regalos, aunque sean envenenados. Hay también que aceptar lo que no podemos recibir como un don. Hay cruz, dolor y sufrimiento en este mundo. Claro que aceptar lo que no podemos recibir con gratitud ¿no significa reconocer lo que no nos merecemos, asumir que, por buenos y sacrificados que hayamos sido en la vida, no siempre vamos a recibir lo merecido?

15. La vida como viaje de ida y vuelta

La desgracia, que tratamos de encajar y sobrellevar como podemos, es como el reverso o negativo de la gracia. Con ésta mantiene en común lo esencial: que es inmerecida. Así como no nos merecemos la gracia, tampoco creemos merecernos la desgracia.

Si la gracia nos alza por encima de nuestros méritos, la desgracia nos abate por debajo de ellos. Si las buenas personas no se merecen su desgracia, tampoco se merecen la gracia que creen merecer cuando no creen en la gracia misma, esto es, cuando piensan que, en esta vida, nadie regala nada y que merecen, por ello, todo lo bueno que les haya sucedido o les pueda suceder.

La desgracia es, por supuesto, inmerecida para todos: para las buenas personas, sean o no agradecidas, así como para las malas. Nadie, por mucho daño que haya hecho a otro, estará naturalmente dispuesto a creer que merece su propia desgracia: el malvado piensa bien de sí mismo y mal de aquellos que sufren los efectos de su maldad. Que al mal haya que buscarle una causa o un causante fuera del que lo padece significa que nadie está naturalmente dispuesto a buscarlo dentro de sí mismo: ni siquiera el autor de todos los males. El diablo es, como sabemos, el primero en levantar su dedo acusador contra el autor de todos los bienes, que para él son males, por supuesto.

La parábola del hijo pródigo acaba sin gracia. Por desgracia, el buen hijo se queda fuera de la dicha que une al padre con su hijo perdido y recobrado. La dicha del padre, si bien es plena, no acaba de ser completa porque su hijo ejemplar se niega a tomar parte en ella. La parábola de la gracia o del perdón tiene un desenlace, en cierto modo, desgraciado.

El hijo que se queda fuera de la dicha -el desdichado- tiene la figura del hombre que, una vez cumplidas las dos leyes básicas de la convivencia -la del trabajo y la del castigo-, cree cumplido su propio destino. Es el hombre corriente que cumple con sus obligaciones y procura no hacer nada que merezca castigo. Es el hombre que todos queremos ser en la vida. Todos aspiramos a una vida honrada y plena.

Todos sabemos, por experiencia, que, si tenemos una meta en la vida, hemos de esforzarnos cada día por acercarnos a ella. Todos sabemos que la vida es una lucha constante, así en la prosperidad como en la adversidad. Todos sabemos que lo que vale cuesta. Y creemos que vale más cuanto más cuesta, es decir que, si no cuesta nada o muy poco, es porque no vale nada o casi nada. Todos admiramos a quienes han trabajado día y noche durante los siete días de la semana y los doce meses del año para conseguir lo que ahora poseen. Son nuestros santos laicos, no tan diferentes de aquellos de otros tiempos, que casi no comían ni dormían porque no hacían otra cosa que rezar y cumplir sus penitencias.

¿Cómo es posible, entonces, que el hombre corriente, el que somos o queremos ser todos a fuerza de virtud y sacrificio, acabe cubriendo de reproches a su propio hermano y a su propio padre y quede así fuera de la dicha ofrecida por ambos? He aquí la pregunta que nos deja a todos sus oyentes o lectores la parábola del hijo pródigo. Es la pregunta con la que está parábola, como todas las demás, nos mueve a la responsabilidad.

Las parábolas evangélicas vienen a poner de manifiesto la radical insuficiencia de una vida entendida como respuesta a la llamada de la vida misma en forma de proyecto o de vocación -en forma futuriza, como diría Marías-. La vida es respuesta a la vida, que nos atrae con la fuerza de algo o alguien más grande que nosotros mismos, sin duda. Pero *no solo es eso*. Es eso y *más que eso*. Y es que, al responder a la llamada de la vida, dejamos atrás inevitablemente a cuantos, como solemos decir, llevamos en nuestro corazón.

Para unirse a su mujer, el hombre ha de abandonar a su padre y a su madre. Pero esto es lo que el hombre debe hacer en un primer momento. En un segundo momento, el hombre ha de honrar a su padre y a su madre. Ha de volver su mirada hacia aquellos que dejó atrás en un primer momento. La vida no es sólo respuesta a una llamada. Es más que eso. Es también responsabilidad para con aquellos que hemos dejado atrás en nuestra respuesta a la llamada de la vida.

La vida es una tarea doble. Es respuesta y también responsabilidad. Primero, respuesta. Todos necesitamos una razón para vivir y salimos en su busca. La encontramos en alguien o en algo más grande que nosotros mismos. Es el hombre o la mujer de nuestra vida. Es nuestro trabajo o lo que llena nuestro tiempo libre. Es nuestro equipo o aquello por lo que renunciamos a tantas cosas. Son nuestros ideales o nuestros ídolos. Es todo aquello, en fin, sin lo que pensamos que la vida no merece la pena.

Ahora bien, la vida nunca merece la pena, por más sólida que sea la razón en la que pueda apoyarse. La vida no se merece. Nadie viene a la vida ni sale de ella por méritos propios. No está fuera de la vida la razón por la que merece la pena. En vano buscaremos fuera lo que ya está dentro de nosotros. Todas las razones que buscamos fuera de nosotros, en alguien o algo más grande que nosotros mismos, dejan fuera la vida. La dejan atrás.

La razón humana pierde razón de ser una vez separada del corazón, esencia de la vida para cada uno de los vivientes. Una razón sin corazón solo vale para justificar la guerra entre quienes están dispuestos a sacrificar su vida en el altar de sus ideales o ídolos respectivos. Las razones de una vida no son tan solo razones para el sacrificio de la vida. Son también razones para el diálogo con el corazón. Son razones para volver nuestra mirada hacia quienes dejamos atrás en un primer momento. Y es que las verdaderas razones de una vida no son razones abstractas. Son las personas que necesitan nuestra atención. Son todos aquellos de los que nos sentimos responsables. La vida completa o cumplida es un viaje de retorno: de la razón al corazón, de la respuesta a la responsabilidad, de fuera adentro, de arriba abajo...

Pero, para volver, hay que partir. *La vida es un viaje de ida y vuelta: del corazón a sus razones y de las razones al corazón.* De las personas a las razones que las mueven y de éstas a las personas mismas, a la pura desnudez de su corazón. En el viaje de ida es como nos hacemos todos algo o alguien en la vida. El viaje de ida es el viaje del llegar a ser. El de vuelta, en cambio, es el de ser nosotros mismos.

Una cosa es ser algo o alguien. Otra, muy diferente, ser sin más, sin ansia ni anhelo de ser algo o alguien. El viaje de retorno es el más verdadero. Nos deja en la verdad de nosotros mismos. Pero no es el único. Para volver hay que partir, insisto. Para emprender el viaje de retorno hay que completar el de partida. En realidad, retornar es completar el viaje entero. El problema es que una vida plena no es una vida *cumplida*.

La sensación de una vida plena es lo mejor que puede ofrecer el viaje de ida. Todos aspiramos a ser algo o alguien en la vida. En la medida que lo conseguimos nos sentimos satisfechos y acaso orgullosos de nosotros mismos. Tener un proyecto en la vida nos mantiene vivos. Verlo al menos parcialmente realizado nos hace felices. Es el fruto de un esfuerzo tenaz, el premio a un largo sacrificio, el mérito de un trabajo sostenido ¿Quién podrá escatimarle su alegría a quien ha conseguido lo que tanto ha perseguido? La vida plena es la vida realizada. Todos la necesitamos.

La *vida cumplida,* sin embargo, no es nada que podamos necesitar. Nadie siente naturalmente la necesidad de una vida cumplida. La vida cumplida es la que ha revertido su movimiento natural hacia adelante o hacia arriba. Es la vida del hombre que vuelve sobre sus pasos. Atrás podemos dejar vivos o cadáveres. Los vivos pueden acabar siendo cadáveres si nadie se ocupa de ellos. Si nadie escucha su voz, el mundo acabará convertido en un refugio para supervivientes. El resto será segundo mundo, tercer mundo, cuarto mundo...El resto no será mundo sino inframundo.

II

¿Por qué hay inframundos? ¿Por qué excluidos, marginados, descartados u olvidados? ¿por qué exiliados voluntarios o forzosos? ¿Por qué los abandonados en las cunetas de este mundo son tantos que llegan hasta nuestra casa, llaman a nuestra puerta y entran en nuestra vida? La respuesta del sentido común ya la podemos suponer: la vida es así, la sociedad así está montada y no la podemos cambiar...

¿Qué hacer entonces con los inframundos? Una vez más, la respuesta sensata será: hay servicios sociales, financiados con los impuestos de todos, hay centros específicos para cada clase de seres humanos que habita un inframundo, hay profesionales de la educación, de la salud, de los cuidados paliativos, de la atención a las personas con necesidades especiales que se harán cargo de todo y de todos. Para cada problema hay un experto y una solución.

El mundo, visto con los ojos de un experto, técnico o científico, es casi un mundo ideal. La vida en este mundo es casi perfecta. La felicidad en él es posible para un número cada vez mayor de personas. Este mundo tiene futuro porque tiene porvenir: lo mejor está por llegar. Es cuestión de tiempo que la tecnología acabe con los inframundos y todas sus miserias. Cómo lo va a hacer es ya otra cuestión...

Yo pienso que, mientras el mundo sea mundo, seguirá habiendo inframundos. En contra de lo que solemos creer, el inframundo no lo producen únicamente las malas personas, sus malas prácticas o sus ideologías perversas. El inframundo lo producimos también las buenas personas. Todos los que intentamos mejorar nuestra propia vida o la de los demás podemos caer en el inframundo o dejar caer a otros en él ¿Cómo es posible?

Porque solo las buenas personas, solo quienes nos tenemos por personas más o menos ejemplares, podemos *cansarnos de ser buenos*. Sólo nosotros llegamos a creer que el bien es cosa nuestra, algo que hacemos con nuestras propias manos si está en ellas, por supuesto. Sólo nosotros, representados por el hijo ejemplar de la parábola, llegamos a olvidar que el bien *sucede*. No es propiamente obra de nadie. Simplemente sucede entre las personas que lo dan y las que lo reciben.

Si dar solo es posible para quien tiene ocasión de hacerlo porque alguien la ha puesto en sus manos y recibir es, a su vez, solo posible para quien está dispuesto a dar su gratitud a quien se la debe, esto significa que el bien es lo que sucede entre dos o más seres humanos. Uno solo no puede hacer el bien. Uno solo puede *intentar hacerlo* mientras hace lo que está en sus manos o acaso más. Una cosa es intentar hacer el bien y otra muy diferente hacerlo de veras.

Nadie es capaz de superar por sí mismo la marca del intento. Más allá del intento, el acontecimiento es ya algo que sucede entre seres humanos. Es el acontecer o suceder del bien. Es cuando a todos nos pasa algo bueno en la vida. Para que nos pase algo bueno en la vida tenemos que poner de nuestra parte, claro está. Pero lo bueno es siempre gracia, esto es, algo que supera nuestras fuerzas y excede nuestras expectativas.

Las buenas personas tendemos a creer, sin embargo, que el bien es lo que hacemos nosotros. No es que intentemos hacerlo: ¡es que lo hacemos! Bueno es el intento pero mejor es el resultado. Ahora bien, todo el que se propone hacer algo bueno en la vida, respondiendo a alguien o dejándose atraer por algo más grande que sí mismo, ¿dónde pone su atención una vez que lo ha hecho?

El satisfecho no puede poner su mirada en lo que ya ha hecho porque lo hecho le pertenece, se ha convertido en parte de sí mismo, de su memoria y biografía. Por eso el satisfecho necesita volver su mirada a los demás para compararse con ellos. Naturalmente se ve mejor que otros. El problema aparece cuando se percata de que les va mejor a ellos que a él. Al bueno, al que se esfuerza en hacer bien las cosas, resulta que le va peor que a quien no se ha esforzado en hacerlas ni siquiera menos mal.

Es entonces cuando se cansa de hacer el bien, de ser bueno o de hacer las cosas lo mejor posible. Se cansa y se retira al inframundo, allí donde malviven los exiliados voluntarios y los excluidos a la fuerza del sistema. Es lo que hace el hijo de la parábola evangélica: se niega a entrar en casa y se queda fuera, allí desde donde arroja al inframundo a su propio hermano y se arroja también él. La intervención decisiva del padre logra rescatar del inframundo a su hijo pródigo pero no a su hijo ejemplar. Éste queda dentro -fuera del mundo- porque él mismo ha arrojado allí a su hermano y, en cierto modo, a su propio padre. Todo el que se compara con otro ya lo está excluyendo, tomando distancia respecto de él. Y todo el que excluye a alguien acaba arrojándose al mismo inframundo donde abandonó primero a su igual.

Lo que, en la parábola del hijo pródigo, viene a ser un desenlace literalmente desgraciado es, en el primer monumento de nuestra literatura occidental, un desenlace trágico. La Ilíada de Homero no nos habla de otra cosa sino de un hombre ejemplar que comete el error de compararse con otro. El hombre ejemplar es Aquiles, el héroe esforzado por excelencia sobre el que recae, sin embargo, un trágico destino.

Aquiles es el primero en el campo de batalla, el que más se entrega y expone al rigor y a la dureza de la guerra. Es, por ello, el que merece mayor gloria y aspira, por derecho propio, a una recompensa. Pero no sucede así sino todo lo contrario. Resulta que alguien le arrebata lo suyo contra todo derecho. Y no precisamente alguien más digno de ella sino al revés. Agamenón, soberano de hombres, es quien se aprovecha de su propio liderazgo sobre los demás señores de la guerra para arrebatarle a Aquiles su merecida recompensa.

A ojos del héroe, Agamenón carece de los méritos que él puede exhibir ante los demás guerreros. Pero el hombre sin grandes méritos en la empresa que ha unido las fuerzas de múltiples pueblos contra el enemigo común deja sin tributo al héroe que más valor ha demostrado en la guerra. Así las cosas, Aquiles, el hombre ejemplar, toma la decisión de retirarse a su inframundo, lejos del campo donde se baten a muerte aqueos y troyanos. Allí quedarán los aqueos, privados del mejor de sus guerreros y expuestos a la furia de sus adversarios que, con el favor de sus dioses, les obligarán a retroceder hasta las naves de las que desembarcaron para emprender el asedio de la bien murada Troya.

La vida por una razón: he aquí la solución y el problema a la vez. La vida es muy corta, reconoce Aquiles en presencia de su madre y protectora. Por eso necesita una razón que tire de ella hacia arriba o hacia adelante. Para el hombre de la época heroica esa razón es la recompensa al mérito en vida o la gloria en la muerte sobre el campo de batalla. La vida, por sí sola, carece, pues, de valor. Lo recibe con el mérito en vida o la gloria tras la muerte heroica. La vida, por sí misma, no merece la pena.

Sin una razón por la que luchar, sin algo o alguien que tire de nosotros hacia arriba o hacia adelante, ¿para qué vivir? El problema es, pues, la falta de aquello por lo que vivir o luchar merece la pena. Si el hombre mediocre, ese hombre mediocre y codicioso que es Agamenón a ojos de Aquiles, se lleva la recompensa que merece el héroe -y todos lo somos de algún modo o en algunas circunstancias-, entonces ¿para qué ser héroe? ¿Para qué ser bueno si a los malos o mediocres les va mucho mejor en la vida que a quienes se dejan la piel en ella? ¿Para qué trabajar tanto si viven mucho mejor los que no trabajan?

El inframundo está abierto para que puedan retirarse a él voluntariamente todos los cansados de ser buenos. La Ilíada es la epopeya del héroe ausente, del hombre llamado a conducir a los suyos a la victoria que los deja, sin embargo, expuestos, una y otra vez, a la derrota. Es el poema del hombre que renuncia a ser lo que está llamado a ser, renuncia a perseguir lo único que puede dar sentido a su vida porque no ha descubierto el segundo movimiento del vivir: el del retorno responsable.

III

Es necesario una razón para vivir, sin duda. Es necesario una razón que tire de la vida, o del corazón, hacia arriba o hacia adelante. La vida necesita una llamada o una fuerza capaz de moverla hacia alguna parte. Todos necesitamos de alguien o algo más grande que nosotros mismos. En él o en ello encontramos la razón que venimos buscando desde que, sin saber aun lo que buscamos o queremos, sabemos esto, al menos: que buscamos o queremos algo.

El problema -el único problema que no es ningún problema, en realidad- es que la razón deja atrás la vida misma. Para poder mover el corazón hay que dejarlo atrás. La razón tiene que ir siempre por delante, guiando con su luz y tirando de aquello que ilumina: la vida o el corazón de las personas. Pero no hay, en realidad, aquí ningún problema porque la vida no atiende solo a razones, por muy graves o profundas que puedan parecer.

Vivir no consiste solo en responder a una llamada que nos pone en camino hacia lo alto o hacia el futuro. Vivir consiste además en un segundo movimiento: el de retorno a las personas que hemos dejado atrás mientras respondíamos a la primera llamada de la vida. La razón que deja atrás el corazón necesita, a su vez, un corazón dispuesto a dejarla atrás a ella. Así, solo así, el conflicto entre la razón y el corazón -lo universal y lo individual, lo absoluto y lo relativo, lo abstracto y lo concreto, lo eterno y lo temporal- deja de ser un problema y la vida plena, sostenida por una razón para seguir adelante, se transforma en algo mucho mejor: en una *vida cumplida*.

La vida se cumple o completa cuando, además de presente y futuro -presente orientado siempre hacia el futuro-, tiene pasado. Pienso aquí en un pasado que sea realmente el pasado de cada persona y no en lo que haya pasado por la vida de cada cual. Lo pasado no es *el* pasado. Lo pasado sigue siendo, en el fondo, presente. Se soporta o se ignora, pero no se acepta. No deja que la vida humana alcance su cumplimiento.

El doble movimiento de la vida, ése por el que la razón deja atrás el corazón y éste, a su vez, acaba dejando atrás las razones más graves o profundas de la vida, es acaso la única alternativa posible a la paradoja infernal de un mundo que produce su inframundo hasta acabar arrojado en él. Es lo que le acaba pasando a todo el que deja a alguien fuera de su vida por descuido o decisión propia. El que ignora a otro se está ignorando a sí mismo en el simple gesto de ignorar a su semejante. El que deja caer a otro en el inframundo de la exclusión social contribuye a degradar el mundo que habita entre todos los no excluidos de él.

Un mundo con excluidos u olvidados -un mundo sin ellos a la vista, para hablar con propiedad- acaba convirtiéndose, lenta pero inexorablemente, en un mundo inhóspito, mucho más inhóspito que cualquier inframundo. Es más inhóspito pues, mientras que en el inframundo puede brotar un gesto de solidaridad como una vena de agua en el desierto, en el mundo que segrega a una parte de sus habitantes dejándolos abandonados a su suerte o en manos de profesionales con pocos recursos y mucho trabajo es mucho más difícil el milagro del agua en el desierto.

En un mundo aparentemente perfecto porque los que no merecen estar en él no están a la vista de las personas decentes sino acogidos, tutelados o acompañados, atendidos por las personas adecuadas, lo que hay no es un mundo propiamente humano sino un inframundo paralelo al que este mundo ha producido. Es un mundo partido en dos inframundos: el de la miseria y el de la opulencia, el de la soledad y el de la sociedad de consumo, el de las personas normales y el de los vulnerables, el de unos pocos que representan a todos y el de tantos que no representan a nadie y se vuelven así atrozmente invisibles para los demás.

Partido en dos queda el mundo simbólicamente representado en la parábola del hijo pródigo: por un lado, el padre con su hijo de regreso; por otro, el hijo ejemplar. Partido en dos pero solo por una parte: es el hijo ejemplar quien lo ha partido en dos. Es quien se siente con derecho a ocupar su lugar en el mundo quien arroja al inframundo a su propio hermano y a su propio padre. Es de las buenas personas, de las personas tan ejemplares que se cansan de serlo, de quienes parte la decisión de partir el mundo en dos: la gente "normal" por un lado; el resto, por otro.

Lo que no advierten las buenas personas es que, al partir el mundo, se quedan sin mundo ellos mismos. Su mundo ya no es un mundo enteramente humano. Ya no es un mundo completo. Son dos en uno. Son dos mundos ocupando el mismo lugar en el mundo. Una cosa es ocupar el mundo, otra muy diferente *habitarlo*. Habitan el mismo lugar en el mundo los que comparten de hecho el mismo mundo. Lo ocupan, en cambio, los que, aun viviendo físicamente en el mismo lugar, ni se conocen ni tienen el menor interés en conocerse y relacionarse ¿No es esto lo habitual en las poblaciones urbanas, donde las personas "normales", los honrados ciudadanos, desconocen por completo la vida y las preocupaciones del resto? Ocupan el mismo lugar en el mundo *pero no lo habitan.* Cada cual vive en su mundo, en el entorno social y cultural que corresponde a su nivel de renta o a su poder adquisitivo.

La alternativa a un mundo roto o partido en dos, o más, pienso que es la vida capaz de completar su primer movimiento, esencial y necesario, con un segundo movimiento, inesencial e innecesario. Todos necesitamos una razón para vivir. Todos necesitamos ser, hacer o tener algo en la vida, sin duda. Pero, cuando ya tenemos esa razón que necesitamos para vivir, cuando ya nos sentimos medianamente satisfechos de nuestra vida, cuando hacemos algo de lo que nos gusta o tenemos algo de lo que queremos, miramos a nuestro alrededor y vemos a otros que hacen todo lo que les gusta o tienen todo lo que quieren. Nos comparamos, entonces, con ellos, como el hijo ejemplar con el hijo pródigo o el héroe más esforzado de la Ilíada con el soberano a cuyo servicio se ha puesto en la magna empresa colectiva.

¿Por qué el otro puede hacer todo lo que le viene en gana y tiene todo lo que se propone sin el menor esfuerzo? No hay vida, por plena que sea, en la que no prenda la llama de la ira sobre las pupilas de quien se mira al espejo del otro para compararse con él. No hay vida tan plena que no pueda serlo más. No hay vida tan plena que sea completa. No hay cansancio como el que acusa el hombre ejemplar, harto de ver lo bien que les va a quienes no han hecho nada por mejorar su propia vida ni la de los demás.

Es un cansancio tan grande que rompe el mundo en dos o más inframundos sin comunicación alguna entre sí. Por eso, cada vez que hablamos del mundo en que vivimos, ¿de qué mundo estamos hablando, en realidad? Sin duda, del nuestro. El mundo de todos no existe. Somos ocupantes, más que habitantes, del mundo. Ocupantes del mundo son aquellos que ignoran la existencia de otros mundos dentro del suyo. El fenómeno típicamente urbano de los okupas no es más que la réplica ilegal a la ocupación legal de las viviendas. Los que han trabajado una vida entera para tener más de una vivienda se rebelan entonces ante quienes, sin esfuerzo alguno, ¡pretenden tener un techo!

La vida, en su movimiento esencial y necesario, llega a su fin. Una vez que tiene uno lo que desea o necesita, una vez que se ha hecho un lugar en el mundo, una vez que ha alcanzado su propia esencia "desprendiéndose de la existencia", en palabras de Louis Lavelle, o, dejando atrás su propia vida, con mis palabras, ¿qué cabe hacer con lo que uno ha llegado a ser o a tener en el mundo?

O se queda uno, pues, fuera de la vida real, encerrado en su mundo y ajeno a las necesidades de los que ocupan otros mundos, o acaba "encontrando su esencia en la existencia", esto es, volviendo sobre sus pasos y respondiendo de aquellos a quienes fue dejando atrás mientras daba respuesta a la llamada primera y esencial de la vida. Las personas cansadas de ser buenas escogen, sin duda, lo primero.

17. Sobre el tránsito de las palabras a la voz

O el hijo ejemplar o el pródigo: la vida plena, más o menos realizada y satisfecha, del hombre o la mujer que han llegado a ser, a tener o hacer algo -lo esencial- de lo que han querido ser, hacer o tener en la vida, acaba, para ellos, ante esta encrucijada. O se quedan encerrados en su mundo como el hijo ejemplar o dejan su mundo atrás como el hijo pródigo. O se aburren del encierro dentro de su propio mundo, buscando sin cesar maneras y ocasiones de evadirse, de soñar que son libres y no esclavos de su propia rutina cotidiana, o vuelven su mirada hacia los mundos que han dejado atrás hasta alcanzar el suyo a fuerza de trabajo y sacrificio.

La encrucijada abierta ante todos los que creemos haber alcanzado nuestra propia esencia, nuestro lugar en el mundo, es la que nos apremia a elegir entre dos opciones: o seguir donde estamos o seguir adelante. Esta encrucijada es invisible, en realidad, para quienes no ven diferencia alguna entre seguir donde están o seguir adelante. Son aquellos para quienes la vida no tiene vuelta atrás. Solo cabe, para ellos, mirar hacia adelante: la vida sigue y nosotros con ella. Se sienten, por entero, parte de la vida que sigue, del mundo que progresa, de la sociedad que cambia y se transforma. Se sienten parte de algo más grande que ellos mismos: la vida, el mundo, la sociedad, los tiempos…

El hombre que ha llegado a ser algo o alguien en la vida no ha llegado a ser, empero, él mismo: individuo único entre otros individuos tan singulares como él. Por eso puede sentirse parte de una totalidad. Ignora que, como individuo, no puede ser parte de nada superior a él. Es él mismo quien, como ser único, puede tomar parte en el mundo o en el tiempo que le ha tocado vivir. Las partes de un todo no son más que partes de un todo: no pueden existir fuera de él. Pero los que toman parte en su mundo podrían tomar parte, con dificultad acaso, en otro mundo cualquiera. De hecho, mientras va cambiando el mundo que conocen, ellos siguen tomando parte en él, cada cual a su manera. Allí donde se encuentran, construyen y reconstruyen sin cesar su propia identidad: son ellos mismos.

Para ser uno mismo no basta con ser algo o alguien en la vida. La vida social es una galería de hombres y mujeres que han llegado muy lejos, tal vez, pero no siempre han llegado a ser ellos mismos. La vida social es una galería de personajes sin vida personal, sin calidad humana, sin vínculos relevantes con otros seres humanos, sin la menor ternura o compasión. Son cercanos de lejos, ante las cámaras y el micrófono que acercan su rostro y su voz a las multitudes, pero distantes de cerca, sin cámaras ni micrófono que les protejan de la vecindad humana.

De vez en cuando, estalla el escándalo en torno a la vida privada de algún personaje público. Resulta que no solo no era el que parecía ser: era exactamente todo lo contrario de lo que parecía ser. La sociedad, entonces, se divide: una mayoría lo condena, desde luego, pero una minoría nunca desdeñable defiende al personaje de las acusaciones vertidas sobre su persona. Es una minoría nunca desdeñable, en efecto, porque representa a cuantos, aun habiendo condenado al personaje en cuestión, siguen dispuestos a identificarse con otros personajes cuya vida real desconocen y no sienten la menor necesidad de conocer. En el esplendor del personaje su vida personal permanece oculta a la vista de sus admiradores, tan dispuestos a ignorarla como a defenderla, llegado el caso.

Para ser uno mismo hace falta algo de lo que nadie siente la menor necesidad. Uno necesita ser algo o alguien en la vida. Pero *no necesita ser él mismo*. Allí donde culmina el movimiento primero y esencial de la vida humana, en virtud del cual respondemos a una llamada o nos sentimos atraídos por una fuerza que nos mueve hacia arriba o hacia adelante, se abre una encrucijada. Se trata de una encrucijada invisible para quienes no ven diferencia alguna entre seguir donde están y seguir adelante: todos los que se sienten parte de la vida que sigue, del mundo que progresa. Pero no todos nos sentimos así.

Los que vemos la encrucijada, esto es, la diferencia entre seguir donde estamos y seguir adelante, no la vemos porque seamos más perspicaces que los demás. La vemos porque, en algún momento, escuchamos una llamada muy diferente de aquella otra que nos puso un día en camino hacia el futuro. Era, la de entonces, una llamada con mensaje, es decir, con proyecto: una llamada a ser, a tener o hacer algo; a hacer cada uno su vida.

La llamada que escuchamos quienes no nos sentimos parte de algo más grande que nosotros mismos es apenas una voz. Es una voz que pide o que ofrece. No propone ni, menos aún, exige nada. No abre un camino posible hacia el futuro. Abre la puerta del pasado, esa puerta que la rápida sucesión de los presentes parece haber cerrado para siempre aunque, en realidad, haya quedado tan abierta como el día en que lo pasado fue presente y actual lo que es ahora apenas un recuerdo u olvido involuntario.

La voz solo es una voz para el que la escucha. Para el que no la escucha no es simplemente una voz: es la voz de alguien que dice algo, la voz a través de la cual llega el mensaje de quien emite su voz a los oídos de quien recibe su mensaje. Para el que escucha una voz solo es una voz lo que escucha. Es la voz de alguien que le llama a volver atrás, a bajar, a acercarse o detenerse para escucharla mejor. Es la voz de quien solo espera que su voz sea escuchada: no su mensaje sino su voz misma.

Su mensaje viene a ser un rodeo o un pretexto para ser efectivamente escuchado. La vida es un rodeo necesario para llegar hasta lo innecesario, lo gratuito, lo que solo espera nuestra gratitud. Nos pasamos la vida tratando de responder a una llamada, la del deseo o la del deber, movidos por una fuerza de la que no disponemos porque es ella, más bien, la que dispone de nosotros. Hasta que comprendemos de pronto, en un abrir y cerrar de ojos, que lo importante no está en la llamada misma, en su mensaje o en nuestro proyecto, sino en la voz del que llama.

Respondiendo a la llamada es como llegamos a ser algo o alguien en la vida. Escuchando la voz del que llama es como llegamos a ser lo que ya éramos, lo que nunca hemos dejado de ser: nosotros mismos. La voz parece absolutamente insignificante si la comparamos con su mensaje. Parece que solo es el medio por el que un mensaje llega a oídos de alguien. Pero lo cierto es que la verdadera grandeza de un ser humano no la encontramos en *su esencia*, en lo que ha llegado a ser, hacer o poseer. La encontramos en los detalles más insignificantes de *su existencia*. En los pequeños detalles de su vida es donde no buscaremos en vano la grandeza de un individuo.

Mientras la llamada nos adentra en un mundo, en el mundo propio de cada uno, construido y reconstruido o reparado sin cesar por la respuesta de cada cual a la llamada recibida, la simple voz nos saca de nuestro mundo. Nos mueve a dejar atrás ese mundo que nos parece el único capaz de representar a todos los demás. Debajo de él permanece el inframundo, ese lugar poblado de seres precariamente humanos que no representan a nadie más que a sí mismos.

La sola voz, que solo escucha quien ha comprendido el rodeo que todos los mensajes o proyectos representan en comparación con la voz misma, es el final y el principio. El final porque nadie puede escucharla sino al final de ese inmenso rodeo que es la vida llamada a ser, tener o hacer algo en ella. Y el principio porque es la voz misma la que, poniendo término al rodeo, nos devuelve a la verdad de lo que somos. Al sonar la voz es la hora de la verdad lo que suena, en realidad, para nosotros. A la hora de la verdad solo hay una voz que suena y un hombre que la escucha. Todo lo demás carece de la menor importancia: lo que uno es, lo que ha hecho o llegado a poseer...

II

La hora de la verdad es la que marca la diferencia entre el bien y el mal. El mal es algo que podemos hacer a cualquier hora, en cualquier momento, mientras hacemos nuestra vida movidos por una fuerza o respondiendo a una llamada que nos pone en camino siempre hacia arriba o hacia adelante. El bien, en cambio, es algo que sucede entre quien da algo de lo que tiene y quien recibe algo de lo que necesita.

El bien sucede entre ambos porque les sucede a ambos: al dador y al receptor. El bien convierte al dador en receptor activo. Y al receptor en dador pasivo. Nadie tiene la posibilidad de dar de lo que tiene si no la recibe de aquel a quien se lo quiere dar. Nadie puede ayudar a quien no pide o acepta la ayuda ofrecida. Y aceptar o pedir ayuda es otra manera de ayudar, no activa sino pasivamente, esto es, con la disposición precisa para recibir la ayuda ofrecida y aprovecharla: ¡ayudemos a quienes nos ayudan! ¡ayúdame a ayudarte!

Es la mayor de las impotencias entre los buenos querer ayudar y no poder por falta de disposición y no por falta de necesidad en el que desecha o desperdicia la ayuda ofrecida. El bien es tan bueno para quien da de lo que tiene como para quien recibe lo que necesita. Por eso está marcado a fuego con el sello de la gratitud para ambas partes: por el que recibe la posibilidad de dar y por el que recibe el don posible. Entre quienes sucede el bien el mundo se unifica. El bien reúne a los seres humanos en un mismo mundo.

El bien deja atrás el inframundo, ese mundo roto en tantos mundos sin conexión alguna entre sí. Y, al recomponer el mundo en su unidad natural e ideal, preñada de lenguas y culturas diferentes, de intereses y sensibilidades dispares, el bien pone en nuestras manos la llave más buscada: la que abre la puerta del pasado para cada uno de nosotros. Lo pasado que nunca acaba de pasar del todo encuentra su lugar en *el* pasado. Suena entonces la voz pura, la voz del que no tiene nada especial que decir, la del que pide lo mismo que ofrece. Es la hora de la verdad: una voz en busca de alguien que la escuche. Absolutamente nada más.

Es la voz del padre que sale al encuentro de su hijo perdido. En la parábola del hijo pródigo no escuchamos su voz. Pero no por ello dejamos de darla por supuesta. Damos por supuesto que el hijo pródigo la escuchó mientras, de vuelta a casa, le separaban apenas unos metros de la presencia paterna. Debió de llegar a oídos de su hijo la voz de su padre: si éste salió a su encuentro desde lejos, lo más natural es imaginar que su voz salió también con él. La alegría del reencuentro debió de manifestarse con la fuerza de una voz dispuesta a seguir los pasos de quien pudo quedarse esperando en silencio la llegada de su hijo y no lo hizo: salió corriendo a su encuentro.

He aquí la fuerza de una voz, que no se mide en intensidad sino en hondura. No es la voz del que llama a ser, a tener o hacer algo. No es la voz del que increpa o amonesta. No es la voz del que tiene algo que decir y se sirve de ella para tomar la palabra. La voz del padre es tan solo eso, una voz: una voz sin palabras, sin mensaje ni proyecto. Por eso es tan honda su verdad. Por eso suena no a cualquier hora sino a la hora de la verdad, marcando la diferencia indiscutible entre el bien y el mal.

"Donde mucho se habla no faltará pecado", sentenciaban los antiguos. Pero, donde no se habla, donde no se dice nada ni en encomio ni en vituperio de nada ni de nadie, donde simplemente suena una voz y alguien la escucha...¡No puede haber pecado! No puede haber pecado porque lo que hay es justamente el perdón de todos los pecados, la gracia que es fuente de toda gratitud: lo que ha pasado ya es *el* pasado. Ha pasado del todo y para siempre.

La voz del padre es la voz del perdón, ciertamente. Pero es también, y al mismo tiempo, la voz de la gratitud. Si nos ponemos en la piel del hijo que vuelve avergonzado a casa, ¿qué escuchamos? ¿La voz del que perdona o la del que se muestra agradecido? Entre el que da y el que recibe el perdón hay un desnivel inevitable que desconoce el gesto de la gratitud. Este da. Aquel pide. Uno decide. El otro espera. Uno aparece sereno como humilde representante del bien. El otro viene roto de los oscuros arrabales del mal. Nada parecido sucede en el gesto de la gratitud.

El que da las gracias permanece al mismo nivel que quien las recibe. La gratitud no pone a nadie a su nivel como el perdón. El perdón nivela a los desnivelados, reúne a los justos con los pecadores, acerca a los alejados, levanta a los hundidos en el inframundo de una vida al margen de la común entre las personas integradas en su sociedad. La gratitud no necesita hacer tanto. Pero esto no significa que no tenga nada que hacer. La gratitud no es gratuita. No es para nada. La gratitud también une personas y mundos porque no deja de ser el otro polo de la responsabilidad: la gratitud por arriba, el perdón por abajo. Ambos tienen la misma función: ser la llave que abre la puerta del pasado a todos los seres humanos.

Por eso la voz del padre que sale al encuentro de su hijo pródigo es la del perdón y la de la gratitud a la vez. El padre agradece a su hijo su gesto de retorno. El hijo agradece a su padre el perdón recibido. El padre se siente responsable de su hijo: responde de él porque es su hijo, solo por eso. Y el hijo, a su vez, se siente responsable de su propia vida, es decir, de su propio padre: es su padre. Ninguna otra persona en el mundo es su padre. Ninguna otra persona en el mundo es el hijo de su propio padre. Es cierto que el padre de la parábola tiene dos hijos. Pero, para un padre o una madre, sus hijos son tan únicos como lo es, para ellos mismos, su propio padre o su propia madre. Padre solo hay uno. Madre hay una sola en la vida.

El pasado es único para cada ser humano. Pero nadie tiene en su poder la llave que abre su puerta. Esta llave es la que nos hace responsables, unos de otros, a todos los seres humanos. Nadie se puede dar a sí mismo un pasado. Podrá contarse o contar a otros su pasado. Pero poder contar lo que a uno le ha pasado no significa tener un pasado. Un pasado propio y definitivo solo puede asegurárnoslo la gratitud o el perdón de los demás. Ninguna biografía es capaz de contenerlo. Escapa a todos nuestros empeños de contar la propia vida o la de los otros. Toda viva vivida se debate entre luces y sombras. Nadie puede volver la vista atrás y sentirse del todo satisfecho. Ninguna vida es completa, cumplida, por sí misma. Necesita siempre una palabra de gratitud o de perdón. El padre y el hijo pródigo lo sabían y, por eso, salió uno al encuentro del otro.

El hijo ejemplar no quiso escuchar la invitación de su padre a tomar parte en la fiesta de bienvenida a su hermano. En realidad, no fue su padre a su encuentro. Fue él mismo quien, al volver del trabajo, se encontró con lo que no esperaba: la casa en fiesta. Por eso hay aquí una cuestión. Si el hijo ejemplar no quiso escuchar la invitación de su padre, ¿no fue acaso porque no pudo escuchar la voz de su padre saliendo a su encuentro? Nadie escucha porque no quiere sino porque no puede. Escuchar no es una virtud. Es una posibilidad recibida.

Para escuchar hace falta una voz. Si no suena una voz, no es posible escuchar nada. Podremos oír, con mayor o menor atención, el mensaje que alguien tenga que comunicarnos. Se podrán oír el reproche o la amonestación, la arenga o el discurso académico, las explicaciones oportunas o los lamentos de rigor, las palabras de consuelo o desaliento. Todo esto lo puede oír cualquiera que ponga atención a lo que oye. Pero, si la atención es una virtud, la escucha, insisto, *no lo es en absoluto.* El hijo ejemplar se quedó encerrado en su mundo y aferrado a las razones que tenía para encerrarse en él porque no escuchó la voz de su padre. No recibió su palabra de gratitud ni de perdón. No la recibió porque no quiso ni pudo. Probablemente el no querer y el no poder vienen a ser lo mismo.

18. Sobre el derecho universal al pasado

Se dice, a veces, aquello de que "querer es poder". Pero la experiencia nos enseña que no siempre es así. La voluntad, es cierto, puede tirar tanto de uno que acabe siendo capaz de algo para lo que se creía incapaz. A mí, por ejemplo, me parecía imposible aprender a conducir hasta que, aprobado el examen preceptivo, empecé a conducir sin la menor dificultad. Pero no creo que ninguna voluntad fuerte pueda tomar sus energías de sí misma. Detrás de una voluntad inasequible al desaliento hay otra voluntad alentadora. O la hay o la ha habido en algún momento. Detrás de un gran hombre suele haber una gran mujer. Y, detrás de una gran mujer, hay también otra persona sosteniendo sus brazos para que no decaigan, abrumados bajo el peso de la desdicha.

Es verdad, en cambio, que no querer viene a ser lo mismo que no poder. El que no quiere absolutamente es porque siente que no puede en absoluto. El no querer absolutamente es la respuesta al deber moral. Uno siente que no puede hacer ciertas cosas y, por ello, no quiere hacerlas. En el uso común de las palabras el no poder y el no deber confunden su significado. "Yo no puedo", en el sentido moral de la palabra, significa lo mismo que "yo no debo". No es que no pueda: ¡claro que puedo! Lo que pasa es que no debo. No puedo porque no debo. Y, porque no debo, ni puedo ni quiero. El no querer viene así a coincidir con el no poder. Una vez más, no es que no quiera: ¡claro que quiero! Lo que pasa es que no puedo. Y no puedo porque no debo.

He aquí exactamente la situación en que se encuentra el hijo ejemplar de la parábola evangélica. No quiere entrar en casa y tomar parte en la fiesta organizada por su propio padre para celebrar el regreso de su hijo pródigo porque no puede hacerlo. No es que no quiera: ¡claro que querría en condiciones normales! Es que no puede. Y no puede porque no debe. Hay dos leyes que establecen, en toda sociedad, los límites de la convivencia. Ya las conocemos. Son la ley del trabajo y la del castigo. La primera aparece formulada en la expresión coloquial "nadie regala nada". Y la segunda en aquella otra según la cual "el que la hace la paga". El buen hijo no puede

-no debe- transgredir estas dos leyes básicas sin las cuales la paz social quedaría gravemente comprometida.

El problema es que las leyes destinadas a garantizar la paz social, fijando unos límites fuera de los cuales no es posible convivir, no pueden hacer más que eso: poner límites. Son límites ciertamente necesarios pues ¿qué clase de convivencia sería posible entre personas sin la menor capacidad de sacrificio y con la mayor disposición pensable para hacer lo que les venga en gana? Allí donde los desmanes no son castigados ni el esfuerzo reconocido no puede haber paz social. Lo que pasa es que la paz social no necesita límites, tan solo. Necesita, además, contenido. Los límites han de ser límites de algo, contenido por ellos, y no sólo frente a algo que caería fuera de ellos.

Las normas son necesarias en toda sociedad, más aun, en todo grupo humano. Son necesarias pero no suficientes. Aseguran un presente y prometen un futuro en paz. Pero no puede haber paz si no hay justicia. Y, para que haya justicia, los seres humanos necesitamos un pasado propio y único para cada uno: es de justicia el derecho universal a un pasado personal. Este pasado que se puede reconocer como "el pasado' no coincide con lo que a cada uno le pueda haber pasado en la vida. En la vida nos pasan a todos muchas cosas. Pero que todas ellas puedan sedimentarse en el pasado de cada uno de nosotros no depende de nosotros mismos. No tenemos en nuestras manos la llave que abre -o cierra, según se mire- nuestro propio pasado. Esta llave es la gratitud o el perdón que esperamos de nuestros semejantes.

Para el hijo ejemplar la justicia reside en las propias normas básicas de la sociedad: la del trabajo y la del castigo. Se reduce a ellas. Pero en estas normas no reside la justicia sino los límites de toda justicia. Está claro para todos que hay que trabajar y evitar cualquier conducta que pueda merecer castigo. Pero una persona que cumple estas normas esenciales, una persona ejemplar, se sitúa simplemente dentro de los límites de la justicia. No es más justa que quien, habiéndolas incumplido, está dispuesto a cumplirlas en lo sucesivo.

El incumplidor necesita dejar atrás su pasado y, por ello, el perdón capaz de liquidar sus pasados incumplimientos ¿Quién sino el cumplidor podrá ofrecérselo? Los límites de la convivencia, como todo límite, no sirven para separar mundos y personas. Sirven para acercarlos. No sirven para confinar o aislar sino para posibilitar. Hacen posible, en efecto, que hombres y mujeres a uno y otro lado de los mismos lleguen a entrar en relación fecunda.

Pero el hijo ejemplar interpreta la justicia como mero acatamiento de las normas básicas. El que no las acata debe quedar fuera de la sociedad. El que no las cumple tiene su lugar en un inframundo al que solo tienen acceso los profesionales, en modo alguno las personas normales. Son los profesionales quienes pueden comprender y atender las necesidades de las diversas clases de personas confinadas en un mundo al margen del mundo ocupado por las personas normales. Personas normales son simplemente todas aquellas que cumplen las normas básicas de la convivencia: los honrados trabajadores y las personas decentes que, si han hecho algo malo, han hecho todo lo posible para que su maldad no fuera descubierta.

Al romper el mundo en dos, el de las personas normales por un lado y el de las restantes por otro, la justicia misma queda en entredicho. No es justo que unos hombres tengan derecho a su pasado y otros no. No es justo que lo que ha pasado en la vida de ciertas personas no haya acabado de pasar. Que el que cometió un robo, o más de uno, sea tenido por un ladrón el resto de su vida. Que el homicida sea un asesino hasta el día de su muerte. Que el hijo pródigo no tenga derecho a volver a casa y empezar de nuevo.

Una sociedad que reduce la justicia al acatamiento de las normas esenciales no es una sociedad justa. Es justa para los que representan a todos pero no para los que no se representan ni siquiera a sí mismos, esto es, para los que no significan nada porque no conviven con las personas normales pues viven confinados en su inframundo. La paz social es una caricatura de la justicia: es justicia parcial en un mundo roto y dividido.

La paz social es la caricatura de una justicia más aparente que real. De hecho, allí donde solo una parte de la sociedad goza de justicia ni siquiera esa parte goza realmente de ella. Allí donde no todos tienen derecho a su propio pasado ni siquiera los que tienen derecho a él tienen realmente acceso al mismo. Yo no veo a muchas personas normales gozar de su pasado. Veo, más bien, a muchos que necesitan superarlo u oponerse a él para afirmarse en el presente y proyectarse en el futuro.

Su presente no es presente, esto es, regalo, el que una generación hace posible que reciba la siguiente para que ésta pueda tener un punto de apoyo o de partida y seguir adelante. Su presente es puramente actual. Lo que *es* de actualidad no guarda relación alguna con lo que *fue* de actualidad.

Lo que es *hoy* de actualidad entierra en el olvido lo que *ayer* fue noticia y novedad. Lo nuevo, solo por ser joven, atrae por sí mismo toda la atención: resta interés por lo que no lo es o *ya* no lo es tanto. Sólo el presente tiene futuro. El pasado ha pasado ya de moda.

Otras veces la oposición entre el presente con futuro y el pasado no viene del presente sino del pasado: ¡hay que volver a una vida en contacto con la naturaleza y en comunión con nuestros ancestros! ¡Hay que volver a las raíces de nuestra civilización! ¡Hay que recuperar tradiciones y costumbres caídas en desuso! Lo de antes, lo de toda la vida: he ahí lo auténtico, lo hecho a conciencia para permanecer. También en esta posición hay oposición y no comunicación entre las personas y sus mundos....

II

Para el nostálgico lo pasado sigue siendo presente por una razón diamantina: porque es absolutamente preferible al presente, porque re-presenta un valor perenne que el presente es incapaz de reconocer. Lo pasado, que el nostálgico pretende recuperar, no pasa nunca. Pero un pasado que no pasa nunca no es el pasado que necesitamos los seres humanos. Lo que necesitamos todos los seres humanos es un pasado presentable, es decir, un pasado que las manos de alguien -nunca las de uno mismo- puedan presentarnos como el regalo de una generación a la siguiente.

Ni un pasado impresentable, inmutable, interminable, que despoja de todo valor a los tiempos o mundos venideros, por mayor que sea el empeño de éstos en despojarlo, a su vez a él, de ese mismo valor que pretende custodiar. Ni un presente puramente actual que, en su codicia de lo nuevo o de lo joven, no reconoce otro valor que el suyo y que, enrocado en su propio narcisismo, se vuelve incapaz de verdadera gratitud o verdadero perdón.

Los dos extremos de la oposición entre el pasado y el presente coinciden en la figura del hijo ejemplar, en la persona del buen hijo o buen ciudadano. Las buenas personas tendemos a ser o nostálgicas de otros tiempos o entusiastas del tiempo en que vivimos. Lo pasado es, para nosotros, algo que superar o algo que recuperar. O ya no nos sirve para movernos en los tiempos que corren o los tiempos que corren necesitan la lentitud y seguridad de otros tiempos, cuando la gente sabía a dónde iba y no tenía prisa en llegar.

En uno u otro caso, lo pasado no acaba de pasar del todo. Tanto el que necesita oponerse a lo pasado para superarlo como el que necesita volver a ello para recuperarlo manifiestan la misma indigencia: no tienen pasado propio. No lo tienen porque nadie se lo ha dado en forma de gratitud o de perdón. Y una persona que nunca ha recibido un gesto de gratitud o de perdón verdaderamente significativo difícilmente podrá tenerlo con ninguno de sus semejantes. Nadie da lo que no ha recibido.

Lo cierto es que el hijo ejemplar de la parábola recibe de su padre el gesto de gratitud que necesita para entender y asumir su propio pasado como el de un hombre que ha cumplido con su deber trabajando largos años en la hacienda paterna. Del padre son, en efecto, aquellas palabras inolvidables: "hijo, tú siempre estás conmigo y todo lo mío es tuyo" ¿No expresan estás palabras la gratitud más profunda que un padre puede manifestar a su hijo?

El problema es que el hijo ejemplar se ha adelantado a estas palabras de agradecimiento con sus propias palabras de reproche. El hijo ejemplar se ha creído capaz de alcanzar con sus manos su propio pasado. Se ha creído capaz de entenderlo y asumirlo. Pero de sus labios solo salen palabras de reproche hacia su propio padre en el mismo instante en que éste le invita a entrar en casa. Reprocha a su padre todo lo pasado: "en tantos años como he estado a tu servicio sin desobedecer nunca una sola orden tuya, nunca me has dado un cabrito para banquetear con mis amigos". El reproche, todo reproche, no es otra cosa que el grito de un ser humano incapaz de asumir por sí mismo su propio pasado. Es el grito del que levanta su voz porque no es capaz de acallarla para escuchar la de los demás.

Así como los árboles impiden ver el bosque, las palabras impiden, a su vez, escuchar la voz del que las pronuncia. Sean palabras de reproche o de encomio, puramente declarativas como en el discurso académico o trufadas de intenciones como en el habla cotidiana, transmiten todas un mensaje. Y todo mensaje lo es para hoy o para mañana. Es la noticia de algo que ha pasado: bien para que no vuelva a pasar o para que pueda seguir pasando.

Hablamos o escribimos para que algo pueda cambiar en nuestra vida o para que no cambie nada. Las palabras son dardos lanzados al futuro: al urgente de esta misma hora o al remoto de un mañana venidero. Por eso las palabras impiden escuchar la voz. La voz sin palabras, la del padre que sale al encuentro de su hijo pródigo o invita a su hijo ejemplar, es la voz del pasado. Es el pasado que se nos ofrece en forma de gratitud o de perdón. No hacen falta muchas palabras para dar las gracias o el perdón. No hace falta palabra alguna. Toda palabra es un dardo: deja atrás el pasado, proyectado hacia el futuro. Es la sola voz sin palabras la que ofrece un pasado a quien lo necesita, a quien le mueve la nostalgia o la indiferencia por lo pasado, al hijo ejemplar, a la persona honrada, al ciudadano que paga sus impuestos con el sudor de su frente.

Las palabras son comunes. Están a disposición de todos. Ya estaban ahí, antes que nosotros, antes de que nosotros pudiéramos servirnos de ellas para dar forma a nuestros pensamientos. La voz, en cambio, es la de cada uno. No hay dos voces idénticas, por parecidas que sean entre sí. La voz es un sonido articulado que brota en el interior de cada uno. Es absolutamente única. Es el ser humano como individuo que hace sonar su propia individualidad. La voz es a un individuo lo que el sonido a un instrumento entre las manos del músico. No suena igual en estas manos que en aquellas.

La gratitud y el perdón no necesitan palabras. Las palabras son siempre palabras para comunicar algo. Con ellas hablamos de algo *para* algo. Tienen función o intención: declarativa, expresiva o simplemente fática -para establecer o mantener el contacto entre emisor y receptor-. Por eso, de un modo u otro, se proyectan al futuro, como un dardo hacia su blanco. Pero la palabra de gratitud o perdón no es un dardo. No es para nada. No mira hacia el futuro. Viene del pasado. Sencillamente viene de donde nadie quiere venir, bien porque pretende volver o seguir allí como el nostálgico bien porque pretende olvidar de dónde viene, como el entusiasta de todo lo nuevo o lo joven solo porque es nuevo o joven.

La palabra de gratitud o perdón solo necesita una voz. La voz, a diferencia de las palabras, viene del pasado. Trae el pasado, ofrece el pasado, entrega el pasado a quien esté dispuesto a recibirlo. El hijo ejemplar no lo está. No está dispuesto a escuchar la voz de su propio padre. Y eso que, en realidad, es la propia voz la que dispone a la escucha. Ya he señalado que escuchar no es propiamente la virtud del que sabe escuchar. Antes que el fruto de un hábito o disposición a escuchar, la escucha es un gesto al que nos dispone todo el que tiene una voz.

Voz propia no la tiene todo el mundo. No todos ni siempre tenemos algo que decir. La inmensa mayoría de nuestros mensajes son palabras repetidas y gastadas a través de las cuales no suena ninguna voz. Suena una voz propia solo allí donde las palabras articuladas por esa voz hablan de gratitud o de perdón, los dos polos de la responsabilidad humana. Donde no se habla ni de gratitud ni de perdón no suena voz alguna. Sólo palabras que repiten palabras: la insufrible palabrería de quien no tiene nada que decir.

La voz del padre de la parábola tiene mucho que ofrecer: nada menos que un pasado para sus hijos. En realidad, ¿quién puede ofrecer más? Sin un pasado propio, sin la gratitud o el perdón que son como la llave que lo abre para cada uno de nosotros, no tenemos presente. Somos rehenes de la pura actualidad, bien como quienes reniegan de ella en nombre de un pasado absolutamente preferible al presente o como quienes se entregan a ella en nombre de un presente absolutamente preferible a todos los pasados.

La voz del padre ofrece un pasado a cada uno de sus hijos: con su perdón al pródigo, con su gratitud al ejemplar. Es su voz no un mero medio para decir lo que piensa o lo que siente. No es el medio sonoro en el que se oyen sus palabras. Su voz no se apoya en ellas. No es la voz del que necesita razones para sostener su mensaje. Su voz se necesita solo a sí misma. No hay razones para la gratitud ni para el perdón. Como no las hay tampoco para la ingratitud y la inclemencia....

III

El que atiende solo a razones a *sus* razones atiende. El que busca razones lo hace porque las necesita para justificar su ira o su calma, su contento o su inquietud, su confianza o su recelo, sus temores o sus dudas. El que busca razones no es mucho lo que busca. No busca lo que, en realidad, más necesita: un pasado propio, esto es, la mano tendida que le ofrezca un presente con futuro. No busca la voz del que se lo puede entregar con un simple gesto de gratitud o de perdón. Cree que no necesita la gratitud de nadie ni, menos aun, su perdón. Tampoco encuentra razones para agradecer o perdonar nada a nadie. De nadie se siente responsable porque a nadie le debe nada: ni perdón ni gratitud.

El hombre realizado en la vida, el que responde a sus aspiraciones o a sus obligaciones -a la llama del deseo o a la llamada del deber- solo conoce un camino: el que le conduce siempre hacia arriba o hacia adelante. Atrás o abajo quedan los que han errado su respuesta a la llamada de la vida, los hijos pródigos que no pertenecen al mundo de los hijos ejemplares, esto es, el de las personas normales o decentes. Atrás o abajo queda el corazón de quien ha descubierto una razón para seguir adelante, un sentido para su vida. Las razones de una vida pueden tirar tanto de alguien que acaben rompiendo su corazón hasta dejarlo insensible, como el del poeta que, al arrancar una espina clavada en el suyo, "ya no siente el corazón".

Y el corazón que, a la hora de emitir juicios o de tomar decisiones racionales, se debe sentir o atender lo menos posible, queda definitivamente atrás, fuera del mundo en que vivimos las personas de bien: en el inframundo de los sentimientos que hallan refugio en nuestra vida privada y se asoman sin rebozo a las revistas del corazón y a la literatura sentimental, a los anuncios navideños de la televisión o a las historias viralizadas por las redes sociales. El corazón corre, pues, la misma suerte que cuantos no merecen ocupar el mundo oficial, el de las personas que cumplen con las dos leyes básicas de la convivencia, la del esfuerzo y la del castigo reservado a los transgresores del orden establecido: la suerte del inframundo. Allí se encuentran los hijos pródigos con el corazón de quienes lo han dejado fuera del mundo.

Allí es donde corren el peligro de caer los que se dejan llevar por el corazón o por los sentimientos en vez de someterlos al dictado de la razón, el único capaz de poner orden en la vida y tirar de ella hacia arriba o hacia adelante. El corazón tira mucho, pero siempre hacia atrás o hacia abajo. El corazón es el órgano del regreso o el descenso a los abismos de la miseria humana. Movidos por él es como volvemos todos los ojos y, tal vez, los pasos. "Vuelve a nosotros esos tus ojos misericordiosos...", suplicamos a María los cristianos.

Nada necesitamos tanto en la vida como entender hasta qué punto se necesitan entre sí la razón y el corazón, el impulso hacia arriba o hacia adelante y el impulso inverso hacia abajo o hacia atrás. Entender la vida solo desde la razón, desde una razón sin corazón, sin capacidad de volver los ojos o los pasos hacia quienes dejamos atrás, es lo que nos ha traído al mundo en que vivimos: un mundo roto, fragmentado y disperso en muchos mundos que se ignoran realmente entre sí, que solo tienen unos de otros un conocimiento superficial, meramente informativo. Desde nuestro mundo, ¿qué sabemos realmente del segundo, del tercero, del cuarto mundo...? ¿Qué sabemos de tantas minorías invisibles como coexisten con la de las personas "normales' sin llegar a convivir con ellas?

Entender la vida solo desde el corazón, dejándonos llevar por él a o donde él nos lleve, como en la célebre novela de Susanna Tamaro, no creo que sea, ni siquiera, una posibilidad real. No hay corazonada o intuición tan espontánea que no haya pasado antes por la cabeza. Si, por haber pasado tan rauda, tan ligera, nos parece que no ha pasado, que ha brotado de nuestro corazón directamente, se trata solo de un rodeo más breve de lo común, fruto de la costumbre más que del ingenio.

Lo común es que demos vueltas en la cabeza a las cosas que nos importan. Si no les damos vueltas, ¿no será porque, en el fondo, nos importan menos de lo que creemos? Las corazonadas o intuiciones nos ayudan en lo menudo de la vida ordinaria: elegir un color, el momento o el lugar adecuados, el regalo feliz o la estrategia oportuna. Y no es poco: la vida cotidiana es como nuestro libro de cabecera, nuestro guía para adentrarnos en la noche y sus peligros. Pero no pidamos a nuestro corazón más de lo que puede dar de sí. No abusemos de él creyendo que, movidos solo por su fuerza, seremos capaces de acertar en todas nuestras decisiones. Que la inspiración nos encuentre siempre despiertos y trabajando: así podrá ayudarnos mejor.

El corazón necesita descansar en la razón, recogerse allí donde es posible la reflexión serena y el juicio lúcido. Y la razón, a su vez, necesita volver atrás, al corazón de nuestra vida única como individuos. Las razones, para poder defenderlas o compartirlas, tenemos que hacerlas propias. La razón ha de ser *mi* razón. No en el sentido de que sea solo mía -lo cual sería absurdo porque dejaría de ser razón- sino en el sentido de que sea apropiada a mi circunstancia. "Si no salvo mi circunstancia no me salvó yo", sentencia Ortega.

Una razón común, la que sostiene un mundo común, una sociedad racionalmente organizada y dotada de leyes justas, es incapaz de mover el corazón de nadie. Y, a la inversa, una razón que sólo sea razón particular, la de cada uno, se anula a sí misma. Es incapaz de construir una convivencia racional, de asegurar un mínimo de humanidad a nuestras vidas. La vida humana es un rodeo del corazón por la razón, de la razón al corazón de nuevo. Sin este rodeo, aquella y éste son como barcos a la deriva.

Esto significa que, entre la razón y el corazón, no puede haber equilibrio, un punto medio donde apoyarse, al modo de la virtud aristotélica. Ya el propio Aristóteles se da cuenta de lo engañoso que es, a veces, buscar un término medio entre dos extremos, uno por exceso y el otro por defecto. Todo el mundo cree haberlo encontrado. Todo el mundo cree, a su vez, que son los otros quienes no lo han encontrado porque ni siquiera lo han buscado. Los radicales, los extremistas, son siempre los otros. El centro, el término medio, lo ocupamos solo nosotros.

Yo mismo me pregunto si es posible ser moderado en circunstancias extremas. Es fácil dar con un término medio en circunstancias normales. Pero, ¿dónde hallarlo en mitad de la barbarie, allí donde el exceso o la carencia de lo más elemental lo devoran todo? Muchas veces, demasiadas, ofrecemos recetas pensadas para circunstancias normales a personas que viven en circunstancias anómalas o extremas. Por eso no funcionan: es que no pueden funcionar en absoluto. No hemos salvado la circunstancia sin la cual, como bien supo pensar Ortega, no se salva nadie.

Si apoyarnos en un punto medio entre la razón y el corazón resulta problemático, si es la propia circunstancia de cada uno la que altera, sin cesar, la posición de ese punto medio hasta volverlo ilocalizable a los ojos de los demás, habituados a pensar que son ellos -sobre todo ellos- quienes ocupan el centro y piensan, comen, fuman o beben con moderación, ¿no será porque la vida misma es movimiento y rehúsa detenerse en ningún punto medio entre dos extremos?

Si, supuestamente puestos en nuestro punto medio, vemos a los demás ocupando los extremos, ¿cómo nos ven ellos a nosotros? ¿Nos ven realmente centrados? ¿O no nos verán igual que les vemos nosotros a ellos: no menos extremados? El centro, al alejarnos de los extremos opuestos, nos aleja también de cuantos ocupan una posición extrema. El centro está lejos de todos. No nos sirve para dar ni para recibir la gratitud o el perdón que todos necesitamos. La virtud del justo medio no sirve a una ética capaz de proponer la unidad en un mundo roto.

19. Sobre la ética como solución de compromiso

El que busca el centro lo que busca, en realidad, es *su descanso*. La razón busca el centro, el punto medio, pero lo que allí busca el corazón es su descanso. No buscaría la razón su centro, no vería en la moderación o el equilibrio una aspiración perenne, si ella misma no se hubiera deslizado ya hacia los extremos: demasiado arriba o demasiado lejos. "No subas tan alto, pensamiento loco/que el que más alto sube, más hondo cae" (Rosalía de Castro, *En las orillas del Sar)*. La razón, pues, no está, de suyo, en el centro: nadie entra en razón desde el mismo instante en que empieza a razonar; nadie "nace" centrado. Necesita buscar el punto medio y es el corazón el que le mueve a ello.

Ocurre, sin embargo, que donde la razón busca su centro no encuentra el corazón su descanso. El centro representa la equidistancia. Y equidistante es el que está lejos de todos: a todos atiende pero a nadie se entrega. No es de este mundo o, mejor dicho, no cree serlo. Es la suya una posición neutra, la de quien pretende quedar por encima de todos: he aquí la actitud del creyente sin obras. La fe sin obras, como sentencia el apóstol, está muerta.

Es la fe de una razón sin corazón, más dispuesta a defender sus privilegios que a reconocer los derechos de los demás. Y, como no podrá defenderse sin combate, la fe, en pugna con las ideologías dominantes, acabará reducida por sus adversarios a otra ideología más. No es que lo sea, por supuesto. El problema es que, al ser así tratada por sus rivales, acabará bajando a su nivel, mordiendo el polvo en el campo de batalla y perdiendo su propia posición equidistante.

El corazón descansa en la razón cuando ésta, en vez de replegarse a una posición media o neutra, se vuelve hacia quienes, en su marcha hacia adelante, ha dejado atrás. El corazón no encuentra su descanso en una posición más o menos equidistante porque lo que la equidistancia acaba trayendo consigo es una necesidad defensiva. La neutralidad es la posición que más cuesta defender. El moderado se gana enemigos a uno y otro extremo. Sus enemigos, opuestos entre sí, se convertirán en aliados contra él, si es preciso. Por eso el corazón no puede encontrar descanso en el centro, porque es

171

allí donde el combate arrecia. La razón que busca el centro o punto medio es una posición lo que busca. Y toda posición hay que defenderla.

Pero el que defiende su virtud, su posición equilibrada entre dos extremos -el exceso y el defecto- no se puede permitir un solo paso atrás. Un paso atrás puede ser, para él, un paso en falso, el principio de su derrota. El que defiende su virtud necesita hacerla primero, hacerse un hombre virtuoso evitando deslizarse hacia los tentadores extremos. El que se hace virtuoso piensa en el bien como en algo que se puede hacer: bien es lo que hacen las buenas personas. Pero lo que la experiencia de la vida nos acaba revelando a todos es que el bien no es algo que se hace. El bien es algo que sucede entre los seres humanos, cada vez que uno se vuelve a otro para darle lo que esté dispuesto a recibir: ¿quién da? ¿quién recibe? ¿quién enseña? ¿quién aprende? ¿quién hace el bien? ¿quién goza más de él: el que lo hace o el que lo recibe?

Alguien tiene que hacer algo, como es natural, para que el bien pueda suceder. Donde nadie hace nada parece que no puede suceder nada bueno. La cuestión es que la vida, en su movimiento siempre hacia adelante o hacia arriba, queda como en suspenso cada vez que sucede algo bueno en ella. Cada vez que uno hace algo por el bien de otro, en respuesta a la llamada de la vida, que nos mueve a hacer algo con ella, resulta que es uno mismo el más beneficiado. Haciendo un bien recibe más de lo que él mismo ha dado. Respondiendo a su deseo de hacer algo por otros, acaba respondiendo con gratitud de aquellos mismos a los que ha querido ayudar.

El movimiento en virtud del cual la vida responde a una llamada -la llama del deseo o la llamada del deber- se invierte así en otro, de signo opuesto: aquel por el que uno mismo responde de cuantos, olvidados en los inframundos de este mundo, ha intentado rescatar, haciendo por ellos todo el bien posible. El movimiento de la virtud -la ética de la virtud entendida como respuesta a la llamada de alguien o de algo más grande que nosotros mismos- se invierte así en el gesto de la más pura gratitud - entendido como expresión de una responsabilidad que alcanza el polo opuesto del perdón-.

La búsqueda del centro virtuoso, del término medio entre dos extremos, se transforma, pues, en búsqueda de las razones que puedan explicar lo que ninguna teoría ética es capaz de explicar: la gratitud como un deber superior a todos los demás o cómo es posible que el bienhechor acabe sintiéndose tan beneficiado y agradecido. En otras palabras: cómo es posible que suceda el bien incluso allí donde parece que nadie ha hecho nada para que pueda suceder.

Cada vez que sucede el bien entre los seres humanos, parece exceder todas nuestras expectativas, no corresponder en absoluto a nuestros esfuerzos. El bien es siempre demasiado bueno: *bonum diffusivum est,* el bien se derrama, es su propio derramarse. Es, pues, absolutamente digno de gratitud. Todo lo contrario del mal. El mal no se derrama, por más que, en el decir popular, se parezca a un racimo de uvas o, quizá mejor, de cerezas: "las desgracias no vienen solas sino juntas o unas *con* otras". El mal ciertamente se puede multiplicar pero no derramar. La razón le pone siempre un dique al exigirle una explicación.

El asombro que nos produce a todos el acontecimiento del bien -que pasen cosas tan buenas en la vida o que haya en el mundo tantas buenas personas- resulta tan difícil de explicar como la propia ausencia del bien: ¿cómo ayudar a quién no se deja ayudar? ¿cómo enseñar a quien no quiere aprender? ¿cómo hacer el bien a quien desprecia o malinterpreta nuestra buena intención? ¿cómo perdonar a quien no muestra el menor signo de arrepentimiento? Allí donde no hay una mano tendida hacia la de quien le tiende la suya no puede suceder el bien. Quiere suceder *pero no puede.*

Es cierto que uno debe hacer el bien sin mirar a quién, esto es, sin esperar que se lo agradezcan. Y también es cierto que uno debe perdonar no solo a quienes le han pedido perdón sino también a quienes ni siquiera se lo han pedido. Pero no es de un deber así de lo que depende el bien entendido como acontecimiento más que como acción, como algo que sucede más que como algo que hacen las buenas personas. La ética de la gratitud y del perdón no es una ética del deber por el deber, sean gratas o ingratas las consecuencias del deber cumplido.

Allí donde la moralidad toma absoluta distancia de la felicidad, es decir, donde uno tiene que cumplir con su deber, le guste o no, haciendo lo que más le cuesta hacer porque es lo que más valor tiene ¿sucede realmente el bien? Yo creo que, allí donde se hace lo que se tiene que hacer, es el bien mismo, en efecto, lo que se hace posible. Pero una cosa es hacer posible el bien y otra muy diferente que el bien tenga efectivamente lugar.

Porque el bien no sucede solo allí donde es posible, y aun probable, que suceda: en las manos de las personas ejemplares que cumplen cada día con su deber porque piensan que todo lo que merece la pena en la vida conlleva un sacrificio -todo lo que vale cuesta-. El bien sucede también allí donde parece imposible que pueda tener lugar: en las manos de aquellos que tenemos por malas personas o por personas de poco fiar, como el hijo pródigo de la parábola evangélica, que dilapidó sus bienes haciendo lo que le apetecía y no lo que debía.

He aquí, pues, la paradoja a la que elude enfrentarse una ética deontológica: la de que el bien sucede, a veces, en las manos de los que no suelen hacerlo y no siempre -o no necesariamente- en las de quienes cumplen heroicamente con su deber y se sacrifican virtuosamente por los demás. El bien sucede entre el padre de la parábola y su hijo pródigo pero no entre aquel y su hijo ejemplar.

II

Si la gratitud o el perdón no es un deber absoluto -un imperativo categórico al modo kantiano- ¿qué clase de obligación representa, entonces? Si la gratitud o el perdón fuera un deber u obligación, el hijo ejemplar de la parábola habría perdonado a su hermano. Y, con él, todas las personas ejemplares, las personas que cumplen con su deber, las buenas personas que hacen tanto cada día para que el mundo funcione y la vida siga. Pero lo cierto es que las buenas personas no siempre perdonan ni son agradecidas. No siempre sucede el bien entre las manos de quienes hacen su vida lo mejor posible. A veces sucede entre las manos de quienes hacen de su vida o de la ajena un desierto. A veces brota un hilo de agua bajo la arena y una flor entre las piedras que resisten las noches sin romperse cada vez que se desploma sobre ellas la temperatura.

Hay en el deber absoluto, *el deber por el deber,* un rigor que la gratitud o el perdón desconocen. En el gesto de gratitud o de perdón no puede haber rigor. No es por simple deber por lo que uno decide tener este gesto. Frente al deber absoluto, simple o puro, el querer o el desear se retiran. Uno hace lo que debe aunque lo que debe hacer no coincida en absoluto con lo que quiere o con lo que sería su deseo. Y, si quiere lo que debe, lo que se retira, entonces, es lo que, en el fondo, desearía. En el gesto de gratitud o de perdón, por el contrario, el querer y el desear quedan incluidos. No quedan al margen del propio gesto. Uno perdona o agradece algo a otro porque así lo quiere y lo desea. Pero no solo por esto. También -y sobre todo- porque *siente* que debe hacerlo. Siente que no puede no hacerlo. La gratitud y el perdón son deberes sentidos: los más hondamente sentidos de todos los deberes.

Por eso la gratitud y el perdón ofrecen una solución de compromiso al conflicto entre la felicidad y la moralidad. Todo el que se proponga ser feliz en la vida se verá frente a este dilema: o ser feliz o ser bueno. Si quiere ser feliz por encima de todo -y de todos-, tendrá entonces que eludir su deber ¿Cómo podrá hacer lo que no le gusta el que necesita estar a gusto con la vida? Habrá de mirar para otra parte cada vez que el deber le mire a él de frente. Y el que se proponga ser bueno por encima de todo habrá de ignorar nada menos que su aspiración natural a la felicidad. Es evidentemente más fácil eludir el deber que ignorar la aspiración natural o universal a la felicidad. Es más fácil mirar para otra parte que dejar de mirar en la dirección de una vida feliz y placentera.

En el gesto de gratitud o perdón encontramos, pues, una solución de compromiso a este dilema inevitable con el que nos acabamos enfrentando todos de una manera u otra: o actuar en conciencia o vivir a gusto. Todo el que se propone lo primero se expone a perder lo segundo. No hay manera de ser una buena persona sin verse metido en algún problema. La bondad del que evita todo conflicto no es más que una apariencia de bondad: esa máscara bajo la que se ocultan, a veces, las personas de voluntad indudablemente buena pero escasa, siempre dispuestas a echar una mano menos cuando hace falta de verdad. No hay manera de evitar el conflicto entre la felicidad y la moralidad. Actuar por puro sentido del deber resuelve el conflicto en favor de la moralidad. Buscar la felicidad por encima de todo lo resuelve, a su vez, en detrimento de la moralidad. La gratitud y el perdón, en cambio, no vienen a resolver nada. Tan solo ofrecen una solución de compromiso entre los dos cuernos del dilema.

Solución de compromiso es aquella que no es definitiva. Es la que buscamos cuando no encontramos una solución definitiva, bien porque no está a nuestro alcance o porque no existe en absoluto. Con una solución de compromiso comprometemos sagazmente a las dos partes enfrentadas: a aquella parte de nosotros que no puede renunciar a la felicidad y a aquella otra que no puede renunciar a la moralidad. No podemos no querer ser felices ni podemos tampoco no querer ser buenas personas. La gratitud o el perdón no son puros deberes. Son deberes sentidos y queridos. Me parece, pues, que deben ser tenidos por deberes superiores a todos los demás. Por encima de los deberes absolutos, la gratitud y el perdón son gestos que uno siente que debe tener. No hay, no puede haber en ellos, aquel rigor que se atribuye al imperativo categórico: el rigor del deber por el deber.

¿Por qué carecen de rigor los deberes de la gratitud y el perdón? ¿Por qué nadie puede imponer a otro -ni siquiera a sí mismo- el deber de gratitud o de perdón? La respuesta creo haberla reiterado: el bien no es algo que podamos hacer; el bien es algo que sucede entre los que dan y los que reciben gratitud o perdón. El bien sucede solo allí, entre personas dispuestas a la gratitud o al perdón. Y es que solo allí puede suceder el bien al bien. Solo allí puede uno sentir que recibe más de lo que da. Sólo allí puede uno sentir que el otro ha dado ya el primer paso. Sólo allí descubren las personas que dar es recibir y que recibir es dar. Sólo allí, en fin, la gratitud y el perdón se funden en un gesto inefable.

El gesto del padre que sale al encuentro de su hijo, ¿es un gesto de gratitud o de perdón? El padre, ¿perdona al hijo o le recibe agradecido? Y, ¿qué decir, a su vez, del hijo? ¿Para qué vuelve a casa? ¿Para recibir el perdón de su padre o para entregarle todo su ser agradecido? Agradecido aun antes de recibir el perdón de su padre, agradecido a su padre por ser su padre, por haberle esperado durante tanto tiempo, por haber salido a su encuentro inesperadamente...

No escuchamos ni una sola palabra de perdón en labios del padre. Tampoco de gratitud en labios del hijo. La gratitud y el perdón no necesitan palabras. Les basta una voz. En la voz está el ser humano por entero, en su unicidad absoluta. Toda voz es la voz de alguien, de uno solo. En el gesto de gratitud o de perdón está *el hombre entero.* En los deberes absolutos no está el hombre entero. El hombre que cumple con su deber no es el hombre entero, único, irrepetible: de ahí el rigor asociado al puro cumplimiento del deber. Hay rigor en el deber absoluto porque, a diferencia del perdón o de la gratitud, en él no se entrega, no se expresa, el hombre por entero. No es un deber sentido. Y sólo es querido porque es debido.

El puro cumplimiento del deber es más un acto de respuesta a la primera llamada de la vida -la llama del deseo o la llamada del deber- que de responsabilidad para con aquellos que dejamos atrás en nuestra respuesta a la primera llamada de la vida. Cumplir con el deber es, en el fondo, creer que el bien es aquello que uno puede hacer mientras hace su vida. En la vida podemos hacer el bien o el mal, un buen trabajo o una fortuna sin trabajar, un montón de cosas útiles o indiferentes, superfluas o necesarias. El que cumple con su deber actúa como si el bien estuviera en sus manos, como si el bien no fuera lo único capaz de suceder al bien, de responder de un bien previamente recibido, como si vivir no fuera descubrir que, en la vida, es mucho más lo que recibimos de los demás que lo que les aportamos.

La ética del deber absoluto no deja de ser una ética formal, esto es, un pensamiento moral incapaz de distinguir el bien de la bondad. El bien está en la forma. Bueno es lo bien hecho. Pero la bondad es más profunda que el bien en sentido puramente formal: el bien de lo bien hecho. La bondad está en el fondo, antes que en la forma. Decimos, con frecuencia, de alguien aquello de que "a pesar de todo tiene buen fondo". Las personas en el fondo buenas no siempre hacen bien las cosas. Su conducta no es siempre formalmente buena, ni siquiera moralmente aceptable. Pero, a pesar de ello, quienes los conocen mejor acaban asegurando a los demás que tienen buen fondo. La bondad es, pues, aquello que se queda en el fondo, en el corazón de las personas. No es que no salga a la luz. El problema es que la sombra de sus acciones formal o moralmente inaceptables oculta su bondad.

III

Solo un corazón puede llegar a otro corazón. Al buen fondo de las personas que lo tienen la razón es incapaz de llegar por sí sola. La razón es un movimiento de sentido único: siempre hacia arriba o hacia adelante. La razón necesita dejar atrás el corazón, con sus sentimientos propios, únicos para cada individuo en su manera de experimentarlos, y responder a la llamada del deseo o del deber. Razonar es transcender, dejar atrás los sentimientos o sensaciones de cada cual a fin de tocar con la mente el ideal representado por todo aquello en lo que uno se pueda encontrar con otros muchos: *la vida plena,* fruto del esfuerzo personal y colectivo, la vida de las personas más o menos parecidas al hijo ejemplar de la parábola.

El destino de las personas que buscan la felicidad, la vida procurada por medios honestos, es no acabar de encontrarla. El hijo ejemplar de la parábola se acaba quedando fuera de la felicidad laboriosamente procurada durante años en la casa paterna. Su hermano, que también había buscado su propia felicidad en un país lejano, acaba encontrándola allí donde nunca la ha buscado: en su propia casa.

En realidad, no la encontró por haberla buscado sino *tras haber dejado de buscarla.* Fue la felicidad la que le buscó y encontró a él. Fue su propio padre quien salió a su encuentro. Aquel de quien un día se había alejado le ofrecía ahora todo lo que él mismo había buscado en vano. No es que la felicidad le estuviese esperando en su casa y en su padre. No es que estuviese dentro lo que había buscado fuera. La felicidad no ocupa lugar. Es el bien que sucede a otro bien. Si alguien quisiera "comprar el amor con todas las riquezas de su casa se haría despreciable", leemos en el libro del Cantar de los cantares. Todo el que se proponga buscar la felicidad en algún lugar, en una persona especial o en cierta forma de vida, se acabará volviendo despreciable para sí mismo aunque sea admirable para los demás.

Si la felicidad del hijo pródigo no está propiamente en su padre ni en su casa, análoga afirmación podemos hacer del padre. La felicidad del padre no está en su hijo pródigo y vuelto a casa. Ni está propiamente en el hecho de su vuelta a casa. Donde propiamente está es en aquello que mueve al padre a salir al encuentro de su hijo: "lo vio venir de lejos", leemos en la parábola. No es que lo viera simplemente, como podemos ver todos cuanto está o aparece a nuestra vista. No lo vio como se ve un objeto, esto es, algo que está ahí delante. Lo vio *mirándolo,* sin duda. Y bien sabemos todos por experiencia que una mirada cualquiera es mucho más que una mirada.

Los seres humanos solo miramos cuando nos sentimos mirados. Solo miramos a quienes nos parece que nos han mirado. El bien sucede al bien. Por eso, en el gesto del padre hacia su hijo no hay ni una sola palabra de perdón. Hay gratitud y perdón fundidos en un solo gesto. El padre perdona a su hijo con gratitud: la misma con la que el hijo recibe el perdón de su padre: "la misericordia y la fidelidad se encuentran, la justicia y la paz se besan…"

La parábola acaba mal, en cierto modo, porque el hijo ejemplar se queda fuera de la felicidad encontrada por su padre y su hermano. Queda fuera de la dicha el mismo que ha cumplido con su deber de una manera ejemplar: ¿no es profundamente injusto que se haya quedado fuera el que merecía estar dentro? "El respeto -el respeto al deber absoluto, diría yo- es eso que tanto provecho trae a los hombres unas veces y otras tanto perjuicio", leemos en la Ilíada. Por respeto al deber, el hijo ejemplar de la parábola gasta su vida al servicio de su padre en la hacienda familiar. Pero también, por respeto al deber, se niega en redondo a entrar en casa, una vez vuelto a ella su propio hermano. Por respeto al deber, el que estuvo dentro se acaba quedando fuera. Nadie le ha echado. Él mismo se ha echado fuera.

Ser una persona ejemplar, siempre dispuesta a cumplir con su deber, es una de las dos cosas a las que los seres humanos no queremos ni podemos renunciar. La otra, como ya he apuntado, es la felicidad. La cuestión es que felicidad y moralidad acaban entrando siempre en conflicto. Si uno quiere ser una buena persona, acabará metido en algún problema. El que no se quiera meter en líos podrá ser bueno en el fondo pero no en la forma. Podrá tener, en el fondo, un buen corazón pero, llegado el momento, no estará allí donde le necesiten.

Como el hijo ejemplar de la parábola, se quedará fuera de su casa. Acabará sacrificando, pues, la felicidad a la moralidad o ésta a aquella. Pero no como quien sabe que no puede renunciar a la felicidad: he aquí el drama del hijo ejemplar, que se niega a sí mismo, que a sí mismo se echa fuera. Es cierto que, a veces en la vida, se vuelve necesario sacrificar algo de felicidad o de bienestar -mucho o poco, depende- por hacer el bien. Todo el que se propone ser bueno de verdad sabe a qué se expone: a meterse en problemas sin haber querido meterse en ninguno. Pero esto no significa que uno pueda renunciar absolutamente a la felicidad. Necesitamos, pues, una solución de compromiso al conflicto inevitable entre felicidad y moralidad.

La parábola del hijo pródigo acaba sin solución. No encontramos en ella solución de compromiso entre la felicidad y la moralidad. El hijo ejemplar acaba cargado de razón para no volver a casa y quedarse fuera. Y, cargado de razón como se ve, solo puede hacer una cosa: cargar de reproches a su propio padre por no haberle ofrecido un cabrito para festejar con sus amigos en tantos años como ha estado a su servicio. La razón sin corazón solo tiene una salida: el reproche a uno mismo o al otro, a los otros, al mundo entero si es preciso. La razón sin corazón es la de quien se queda solo consigo mismo o con los suyos: con los que tienen iguales enemigos aunque no sean, para nada, amigos entre sí.

La vida fiel a una llamada natural o sobrenatural -la llamada de la vida misma a hacer cada cual *su* vida, movido por el deseo o el apremio del deber- podrá conducir a otra vida aparentemente plena y feliz pero no a una vida verdaderamente buena para uno mismo y para los demás. Una cosa es la vida plena; otra, lo que he venido llamando la vida "cumplida". La vida se cumple en la responsabilidad, esto es, en el movimiento por el que la razón vuelve atrás, vuelve sobre sus pasos hacia el corazón y encuentra en él a cuantos necesitan su gratitud o su perdón. La parábola del hijo pródigo nos muestra, en la figura del hijo ejemplar, las consecuencias que una vida no cumplida entraña para las personas: vivir cargado de razón y de amargura.

En el último canto de la Ilíada encontramos lo que la parábola evangélica no puede ofrecernos. Una parábola no es un relato. Es un nudo sin desenlace: ni feliz ni desgraciado. Una parábola es lo que es: una llamada a la responsabilidad. Ni más ni menos que esto. Por eso las parábolas de Cristo no son relatos edificantes. No fueron pronunciadas y escritas para ofrecer una enseñanza moral. No es su finalidad enseñar nada. La educación moral seguirá otros caminos, así en la antigua Grecia como en el antiguo Israel. Y yo he encontrado en el desenlace de la Ilíada, el gran poema educativo de los antiguos griegos, ese broche con el que las parábolas de Cristo no se pueden cerrar. Será el broche con el que también voy a cerrar yo mi ensayo sobre la gratitud.

La Ilíada, primer monumento de la literatura occidental que ha llegado hasta nosotros, es el relato de un conflicto entre dos iguales. No son hermanos entre sí, como en la parábola, pero son iguales. Ambos pertenecen al mismo bando, el de los griegos que asedian Troya, entre cuyos muros se defienden los mismos que un día ofendieron a los griegos, apoderándose de Helena, esposa de un caudillo griego. La Ilíada no es la epopeya de una guerra entre dos ejércitos, griegos y troyanos. No hay en la Ilíada buenos y malos: buenos contra los malos y viceversa. Entre los griegos hay héroes. Entre los troyanos también. El poema de Homero no es un canto de guerra sino una llamada a la paz en medio de la guerra. Por eso sus protagonistas no son los héroes en tanto que héroes sino en tanto que seres humanos de carne y hueso, con virtudes y defectos…

Es en el primer plano donde se construye la paz. Es en la vida de los individuos, en su corazón, donde puede ser escuchada una invitación a la paz en medio de la guerra. Por eso la Ilíada empieza como la parábola evangélica muchos siglos más tarde: acercándonos a un conflicto entre dos iguales. Son iguales en poder y pertenecen al mismo bando en la guerra. El uno, Agamenón, representa al hombre que sacrifica su deber a su necesidad de bienestar y felicidad. El otro, Aquiles, representa al hombre que sacrifica su felicidad a su deber en la guerra. De este modo Aquiles puede aparecer ante nosotros, lectores de la parábola evangélica, como el héroe/hijo ejemplar. Y Agamenón, a su vez, como el hijo pródigo que, descuidando sus deberes, no vacila en apoderarse de lo que no es suyo, en empujar a la muerte a muchos de sus guerreros, en humillar al más brillante de los héroes y en comprometer así el éxito de la empresa colectiva.

El conflicto entre Aquiles y Agamenón se estanca y sustancia en la ruptura entre ambos. Aquiles, el héroe ejemplar, se retira de la gran empresa bélica liderada por Agamenón. Se niega a volver al campo de batalla, privando a los griegos de su valor guerrero, que les habría asegurado la victoria sobre los troyanos. Privados así los griegos del mejor de sus guerreros, se ven expuestos a sucesivas derrotas frente a un adversario que se crece con la debilidad del enemigo y el apoyo de sus dioses.

Con la retirada de Aquiles el conflicto se estanca. Los dioses no permiten la victoria definitiva de un bando sobre otro. Pero los griegos se ven cada vez más tentados de volver a su patria con las manos vacías y la moral por los suelos. Mientras Aquiles siga lejos del campo de batalla, no habrá esperanza para los griegos liderados por Agamenón. Mientras el hijo ejemplar de la parábola siga empeñado en no pisar la casa paterna al regreso de su hermano, no habrá esperanza para todos aquellos que, como él, se niegan a relacionarse con quienes no pertenecen al mundo de las personas decentes.

Pero el poema de Homero no es un relato que se estanca. No es una parábola. Las parábolas no necesitan cerrarse porque no son relatos. La Ilíada, en cambio, sí lo es para nosotros. Aquiles vuelve al campo de batalla cuando su amigo Patroclo sucumbe a manos de Héctor, el gran héroe troyano. El hombre que ha sacrificado su felicidad a su deber llega entonces al límite de su sacrificio. Es como si comprendiera de pronto que, en este mundo, la felicidad se puede sacrificar solo hasta cierto punto. Llegados a cierto límite, necesitamos, al menos, llorar la felicidad pérdida. Y resarcirnos de la perdida, como Aquiles, acaso por medio de la venganza. Aquiles vuelve al campo de batalla para vengar la muerte de su amigo a manos de Héctor. Se enfrenta a éste y le da muerte, al fin.

Lo que viene después es terrible. Aquiles se transforma, ante los dioses y ante los hombres, en un personaje cruel y despiadado. Se ensaña con el cadáver de Héctor arrastrándolo sin piedad en torno a la tumba de Patroclo. Se vuelve, pues, incapaz de alcanzar por sí mismo lo único que podría aplacar su ánimo y ayudarle a cumplir su destino final: un pasado. Nadie puede darse a sí mismo un pasado.

El hombre que busca la felicidad por encima de todo y de todos, si es preciso, podrá encontrarla, al menos en alguna medida. Pero lo que no podrá será evitar la frustración que inevitablemente trae consigo una felicidad nunca duradera. En cuanto al hombre que ha intentado cumplir con su deber por encima de todo -aun por encima de sí mismo o de su natural aspiración a la felicidad-, lo contemplamos ahora en la figura desfigurada de Aquiles ensañándose con el cadáver de su adversario en la guerra: dolor y rabia del que ha sacrificado su vida y se queda fuera de la dicha, fuera de la casa paterna como el hijo ejemplar de la parábola evangélica.

Nadie puede darse a sí mismo un pasado. *Lo* pasado, por sí solo, no se puede convertir en *el* pasado. Uno podrá contarse a sí mismo y a los demás lo que le ha pasado en la vida. Pero contar una historia, la más objetiva y rigurosamente documentada que sea posible concebir, no significa darse un pasado. Nuestra historia no es nuestro pasado. Solo es eso, una manera de contarlo, de acercarse a lo que nos ha pasado como individuos o como sociedad. El pasado de cada uno es como una puerta cerrada. Nadie tiene en su poder la única llave que abre esta puerta. Aquiles merodea incansable alrededor de esta puerta mientras arrastra sin piedad el cadáver de Héctor en torno a la tumba de su amigo Patroclo. Pero ni su amigo va a salir de la tumba ni los dioses van a dejar de preservar de toda corrupción el cuerpo de su amado Héctor.

La llave de la puerta que abre el pasado a cada ser humano viene de fuera. Nadie la tiene en su poder. En nuestro poder está dar respuesta a la llamada de la vida, secundar la llama del deseo o el apremio del deber. En nuestras manos está la respuesta a una necesidad o a una vocación. En nuestro corazón está la aspiración natural a la felicidad. Y en nuestra mente los medios para alcanzarla. En nuestro haber, en fin, está una razón capaz de tirar de nuestro corazón siempre hacia arriba o hacia adelante. Podemos encontrar una razón para vivir, una respuesta a la pregunta por el sentido de la vida. Cada cual busca la suya por sus propios medios y sus propios caminos. Cada cual encuentra fuera lo que busca dentro: cómo dar respuesta a la llamada esencial de la vida misma, aquella que mueve a cada individuo a "hacer su vida".

Pero lo que no conseguimos encontrar fuera es lo que ni siquiera buscamos dentro: la llave que abre la puerta de nuestro pasado. La vida plena se puede hacer. La felicidad se puede construir cada día. Por eso necesitamos todos hacer nuestra vida. Necesitamos una razón para vivir y la buscamos por pura necesidad. Pero hay algo en la vida que no buscamos porque no sentimos que lo necesitamos. Es algo que no se puede hacer. Nadie se lo puede dar a sí mismo: es *la vida verdaderamente buena*.

La vida buena no es lo mismo que la vida plena. La vida buena empieza allí donde acaba la vida plena. Allí donde acaban todos nuestros esfuerzos por no perder lo conseguido, una vida honesta y feliz, empieza la vida buena. La vida buena no está en nuestras manos. El bien no es lo que hacemos los que nos creemos buenas personas. El bien es algo que sucede. El bien sucede al bien. Es el gesto de la responsabilidad, en su doble vertiente de gratitud o de perdón.

La respuesta a la llamada de la vida es asunto de cada uno. De cada uno como individuo y de todos como sociedad: es muy difícil que los individuos encuentren su felicidad allí donde la sociedad no les ayuda a buscarla. La responsabilidad, en cambio, no es asunto de cada uno. Es cosa de dos. La responsabilidad requiere la presencia de dos personas: el que da y el que recibe.

No hay gesto de gratitud ni de perdón sin dos personas. Entre dos es donde sucede el bien. Entre dos tiene lugar la gratitud o el perdón. Nadie se puede agradecer ni perdonar nada a sí mismo. Nadie se puede dar a sí mismo un pasado, aunque se pueda contar una historia documentada y veraz. Es el gesto de gratitud o de perdón el que nos da un pasado. En él está la llave que abre la puerta de nuestro pasado.

Aquiles la busca en vano mientras arrastra por el polvo el cuerpo de su rival en la guerra. La tumba de Patroclo, en torno a la cual arrastra el cuerpo, es como la puerta que Aquiles pretende abrir en vano. Aquiles no consigue abrirla y por eso se desespera. No es capaz de superar lo que le ha pasado. No puede convertirlo en el pasado, en *su* pasado. Solo el psicologismo totalitario de nuestro tiempo ha conseguido hacernos creer que el pasado está en nuestro poder: podemos superar y asimilar lo que nos ha pasado hasta el punto de pasar página y seguir adelante. Con ayuda de un psicólogo, por supuesto. La vida nos enseña a sobrevivir, a luchar por una vida mejor, ciertamente. Pero no puede enseñarnos a haber vivido.

II

La *Ilíada*, que empieza con un conflicto entre iguales, termina con el encuentro entre un padre y su hijo. También así termina la parábola del hijo pródigo. Pero la parábola no termina, en realidad. La parábola, toda parábola, es tan solo una llamada a la responsabilidad. La responsabilidad es nuestra. Somos nosotros quienes podemos terminar la parábola. Somos nosotros mismos el hijo ejemplar que accede o no a entrar en casa.

La *Ilíada*, en cambio, termina de veras: no con la victoria de los buenos sobre los malos. La historia nos cuenta que los griegos acabaron destruyendo Troya. La Ilíada se limita a un episodio particular en la guerra de Troya. El resto -una guerra que debió de durar unos diez años- queda al margen. La Ilíada se limita a un episodio que termina de veras. La vida no termina con una victoria ni con una derrota. Después de una victoria o de una derrota la vida sigue. Y aquí está el problema: ¿cómo puede seguir la vida después de la vida -o de la muerte-? Decir simplemente eso, que la vida sigue, no es decir nada.

Para que la vida siga hace falta un pasado. Para que sea hoy primero tiene que ser ayer. El presente no es simplemente eso, el presente. No es pura actualidad, que hoy es noticia y mañana ya no. El presente es un presente, un don del pasado. Pero, para que el pasado pueda tendernos su mano, llena de presentes posibles, tiene que haber pasado. Necesitamos un pasado. Podemos construir el presente y proyectar el futuro. Pero con el pasado no podemos hacer nada. No podemos darnos un pasado.

No tenemos la llave que abre la puerta del pasado. Y el problema es que, como no la echamos de menos, ni siquiera la buscamos. Todos buscamos una vida mejor, una vida plena: eso que solemos entender por "una buena vida". Pero una buena vida no es lo mismo que una vida verdaderamente buena. La buena vida lo es para cada cual y para los suyos. La vida buena, en cambio, no lo es solo para cada cual. La vida buena lo es también para todo el que me sale al encuentro en la vida, sea o no de mi sangre, de mi círculo o de mis ideas...

La buena vida está, más o menos, en nuestras manos. Es el presente que construimos. Es el futuro que proyectamos desde nuestro presente y nuestro trabajo cotidiano. Es la meta a la que nos dirigimos dando respuesta a la llamada de la vida, movidos por una razón que tira de nuestro corazón siempre hacia arriba o hacia adelante. Es, en fin, la vida plena de las personas que buscan su felicidad sin complicarse mucho la vida, es decir, evitando tropezar allí donde, si uno quiere ser bueno de verdad, habrá de tropezar inevitablemente: una cosa es ser bueno y otra ser tonto. El que aspira a una buena vida puede ser bueno hasta cierto punto. No quiere pasar por tonto. No está dispuesto a según qué cosas si esas cosas pueden complicar su vida y comprometer su bienestar y su felicidad.

La vida buena, por el contrario, no está en nuestras manos. La ética empieza allí donde acaba la estética, esto es, allí donde uno empieza a pasar por tonto y a ser tema de conversación entre la gente. La ética le importa sólo al que no le importa su propia imagen, lo que la gente diga de él. Si le importa, será entonces de los que están dispuestos a ser buenos pero solo hasta cierto punto: buenos pero no imbéciles ni presa fácil de las habladurías... No a todo el mundo le importan las apariencias. Pero a quienes no les importan se les viene encima la opinión de la gente en forma de pregunta: ¿seré tonto de verdad? ¿qué he hecho con mi vida? Y esta pregunta es tan poderosa que puede empujarnos a la desesperación. La desesperación no es otra cosa que la impotencia respecto del propio pasado. No tiene uno en sus manos la llave que abre la puerta de su pasado. No puede "pasar página" y, por ello, se desespera.

Es lo que le pasa al hijo ejemplar cuando se niega a entrar en casa al regreso de su hermano. La parábola nada nos sugiere acerca de su estado de ánimo pero ¿cómo podemos imaginar a una persona que se niega a entrar en su propia casa? Alguien que se niega a entrar en su propia casa rechazando la invitación de su propio padre a celebrar el regreso de su propio hermano es alguien que se niega a sí mismo. Y la negación de uno mismo, ¿qué otra cosa es sino el fruto amargo de la desesperación?

Desesperado tiene que estar aquel a quien se le viene encima la opinión de la gente en forma de pregunta: "¿qué he hecho con mi vida, yo que me la he pasado cumpliendo con mi deber a costa de mi felicidad y que ahora me encuentro con este hijo de mi padre, de vuelta a casa tras pasar su vida haciendo lo que le ha venido en gana?". Yo, que merecía la felicidad, me encuentro sin ella. Éste, en cambio, que merecía el castigo destinado a cuantos no hacen lo que deben en la vida sino lo que les apetece, se encuentra con todo lo contrario: ¡nada menos que una fiesta de bienvenida!

Aquiles se debate en la misma desesperación que persigue al hijo ejemplar de la parábola. En la guerra ha sido siempre el héroe más esforzado y menos recompensado. Ha sacrificado su felicidad al cumplimiento de su deber. Se ha negado a seguir al servicio de la gran empresa bélica liderada por Agamenón como se niega el hijo ejemplar de la parábola a entrar en casa y dar así la bienvenida a su propio hermano. Por lealtad a su propia conciencia se ha quedado fuera de la dicha, apartado de todos sus antiguos compañeros en la gran empresa militar, ensimismado y solo. Y acaba de perder al mejor de sus compañeros, a su íntimo, que, en su nombre y pertrechado con sus armas invencibles, salió al campo de batalla con la apariencia de Aquiles, en persona. No puede Aquiles con lo que le ha pasado. Por eso le vemos arrastrar por el polvo, una y otra vez, el cuerpo de Héctor, el más temible de sus adversarios, que dio muerte a su amigo Patroclo.

A diferencia del hijo ejemplar, Aquiles, el héroe ejemplar, no se queda para siempre sumido en la desesperación. Para él habrá un pasado. Desesperado de no encontrarlo por sí mismo, lo encontrará donde menos cabría esperarlo: en las manos de su adversario. Si el pasado no está nunca en nuestras manos -como el presente y el futuro-, sólo cabe encontrarlo allí donde no lo buscamos. La vida plena es algo que todos buscamos. Todos buscamos la felicidad, aun a costa de la moralidad: todos queremos ser buenos pero hasta cierto punto. La vida buena, en cambio, es algo que no sentimos la menor necesidad de buscar. La vida buena nos sucede, no es fruto de nuestro esfuerzo. Nos sucede cada vez que respondemos de alguien con un gesto de gratitud o de perdón. Nos sucede cada vez que somos responsables de alguien que ha quedado atrás, en el inframundo de todos los excluidos u olvidados.

La vida buena sucede cada vez que alguien nos entrega la llave de nuestro propio pasado. Solo la persona más inesperada puede entregarnos esa llave. Que el bien sucede significa esto: que sucede inesperadamente. Solo un bien que sucede inesperadamente es capaz de suscitar otro bien. El bien sucede al bien como la gratitud a la gracia o el perdón al pecado. Lo que menos podía esperar el hijo pródigo era el abrazo de su propio padre. Y lo que menos podía esperar Aquiles mientras arrastraba por el polvo desesperadamente el cuerpo de Héctor era que el padre de éste, el anciano Príamo, llegase hasta él y besara sus manos "violentas y exterminadores", las mismas manos que poco antes habían dado muerte a su propio hijo.

Un abrazo, un beso, una voz, un detalle que parece insignificante...muy poca cosa sirve para expresar gratitud o perdón. Pero esta insignificancia es decisiva: es la llave que abre el pasado cerrando las heridas pasadas, transformando *lo* pasado en *el* pasado. La parábola muestra la diferencia entre ambos: *lo* pasado que se transforma en *el* pasado para el hijo pródigo gracias a un simple gesto frente a lo pasado que no acaba nunca de pasar para el hijo ejemplar, que decide así encerrarse en su propio mundo.

Este libro se publicó
en el mes de septiembre
del año 2025